AF385600

LI

HISTOIRE

ANCIENNE,

OU

PREMIÈRE PARTIE

DE

L'HISTOIRE

DES

HOMMES.

HISTOIRE

DES

HOMMES,

OU

HISTOIRE

NOUVELLE

DE TOUS LES PEUPLES

DU MONDE,

PARTIE DE L'HISTOIRE ANCIENNE.

TOME VIII.

A PARIS,

M DCC. LXXX.

Avec Approbation, & Privilége du Roi.

A MONSIEUR

LE COMTE

DE TRESSAN,

Lieutenant - Général des Armées du Roi; de l'Académie des Sciences de Paris, & de celles d'Edimbourg & de Berlin; de la Société Royale de Londres, &c.

MONSIEUR LE COMTE,

J'ATTENDAIS, pour confier à ma plume un hommage qui vous était dû par mon cœur, que le tems eût affermi fur fa bafe cette Hiftoire des Hommes.

Non que cette plume, deftinée a peindre les fiècles, fe confacre aux langueurs d'un panégyrique, jufte fans doute, mais que je ne pourrais vous préfenter fans rougir. Plus vous avez mérité de la patrie par vos écrits, plus je dois me garder de l'enthoufiafme qui les ferait va-loir. L'amitié tendre dont vous m'honorez, depuis dix ans, ren-drait mon encens fufpect, & il faut que votre éloge parvienne, fans ombre, à la poftérité, comme y parviendront vos Ouvrages.

Au refte, je penfe que tant qu'un Ecrivain vit encore, ce n'eft point à

(7)

ses contemporains à dicter aux générations futures le jugement qu'elles
doivent en porter ; le panégyrique,
à cet égard, me semble presqu'aussi
indécent que la satyre. La littérature
est une république où un Dictateur
seul est en droit de mettre chacun
à sa place ; & qui d'entre nous ose-
rait s'arroger cette dictature, quand
Voltaire, panché vers sa tombe,
& déja à demi compatriote d'Homère & d'Euripide, n'a pas eu le
pouvoir de l'exercer !

J'aurai donc le courage, M. le
Comte, de me taire sur votre gloire,
même dans une dédicace ; je me
contenterai de m'éclairer ici un
moment avec vous sur un art que

vous aimez, sur cet art de la navigation, qui, cultivé avec succès par
les Phéniciens, dont j'écris l'Histoire, les a rendus quelque tems les
dominateurs des mers, & les instituteurs des hommes.

Il n'a pas tenu aux deux plus
célèbres Républiques de l'Europe,
que ces Phéniciens fussent inconnus
à la postérité des peuples qu'ils
avaient civilisés. Athènes, qui tenait
d'eux les arts, & dont la prétention
fut toujours de les avoir créés, cher-
chait à anéantir la trace du dépôt
qu'on lui avait confié. Rome, humiliée un moment par Carthage,
que les Phéniciens avaient fondée,
poursuivait une colonie qu'elle avait

dévouée à une vengeance éternelle , jusques dans la mémoire de sa métropole.

Heureusement les progrès de cette navigation , avec laquelle les Phéniciens exécutèrent de si grandes choses , déposent contre le silence coupable des Historiens de la Grèce & de Rome, & la mémoire de ce peuple actif & industrieux durera tant qu'il y aura une marine dans l'Europe.

Les Phéniciens établirent des colonies à l'entrée de notre Océan Atlantique , & au fond de la mer des Indes ; ils firent le tour de l'Afrique, & doublèrent le cap de Bonne - Espérance , qui fut ensuite oublié pendant deux mille ans. S'il est vrai, comme notre superbe ignorance voudrait le faire croire, que ces navigateurs audacieux firent tous ces prodiges sans avoir la bouſſole ; ils le dûrent, sans doute, à la perfection de leur architecture navale, & alors, du moins, il ne faudrait pas dédaigner cette architecture.

Nous écrivons, M. le Comte, ſous un Gouvernement qui appelle les lumières, & la vérité ne le bleſſera point, pourvu qu'elle ſoit utile à la patrie ; je dirai donc, avec franchiſe, que l'Europe eſt bien loin encore d'avoir perfectionné ſon architecture navale, & je le dirai, malgré l'appareil formidable de ſes vaiſſeaux

de guerre à cent vingt pièces de canon , & le faſte de ſes Bucentaures.

Nous avons d'abord long - tems
marché au haſard , parce que nos
conſtructeurs ne liſaient point les
anciens , ne rapprochaient point
leurs découvertes des nôtres, préfé-
raient la routine qui conſacre les
erreurs, à ces innovations heureuſes
qui ſecouent l'art, & lui donnent tout
ſon développement.

Ce qui retarda encore les progrès
de notre architecture navale , c'eſt
que le premier conſtructeur qui in-
nova , fut un fol ſans génie : cet
Artiſte , qui ſe nommait Pierre de
Horne , imagina , au commencement
du ſiècle , que pour faire un navire

indeſtructible, il fallait prendre pour modèle l'arche de Noé : la maiſon flottante fut exécutée, & le premier coup de vent lui fit faire naufrage.

Nos conſtructeurs ſe traînèrent depuis péniblement d'eſſais en eſſais pendant près de quatre-vingts ans. Enfin, Louis *XIV*, qui voulait avoir une marine, pour donner la loi à l'Europe, engagea le Mathématicien Renau, & notre célèbre Duqueſne, à travailler enſemble à un plan uniforme de conſtruction. Leurs idées furent adoptées, & une Ordonnance de 1689, preſcrivit de s'y conformer, dans tous les arſenaux.

Duqueſne & Renau, tous deux

hommes de génie, firent faire, sans doute, un pas à l'architecture navale ; mais ce pas, tout étonnant qu'il était, n'atteignait pas au bout de la carrière. Aujourd'hui que l'esprit philosophique a tout perfectionné ; que les Voyages de Cook au Pole Austral, ont fixé la figure du globe ; que nous touchons à la découverte du secret des longitudes, nous nous étonnons, avec raison, qu'il y ait des systêmes exclusifs qui circonscrivent la théorie des vaisseaux.

Il paraît d'abord que les proportions établies par l'Ordonnance des arsenaux, ont pour base des principes mathématiques, plutôt

que l'examen raifonné du mouvement des vaiffeaux & de leur fillage.

Renau, tout Géomètre qu'il était,
fe trompa fur le calcul de la dérive,
comme Huygens & Bernoulli,
hommes bien fupérieurs à cet Aca-
démicien, le démontrèrent. Vous
favez mieux que moi, M. le Comte,
que la dérive étant caufée foit par
les courans, foit par les élans iné-
gaux des vagues, foit par l'obliquité
des voiles, la moindre erreur dans
fes principes fondamentaux, empêche de déterminer le fillage, &
par conféquent de fuppléer à la
connaiffance des longitudes.

Le dirai-je encore? On s'eft trop
occupé dans le fyftéme adopté par

(15)

Louis XIV, de la forme du navire,
& pas affez de l'action du vent fur
fes voiles.

Enfin, le Savant Bouguer a très-
bien prouvé que notre mâture gigan-
tefque, n'était point en proportion
avec le corps de nos vaiffeaux. Cette
forêt d'arbres dont on les couronne,
eft moins un mobile qui les fait
cingler, qu'un poids énorme qui les
écrafe.

Je trouve, dans les débris de
l'Hiftoire Phénicienne, une foule
d'idées lumineufes, qui, germant
dans la tête bien organifée d'un
homme de l'art, rectifieraient,
peut-étre, nos fyftémes erronés de
conftruction.

On m'accusera , sans doute ,
d'idolatrie pour les anciens ; mais ,
à coup sûr, ce ne sera pas vous ,
M. le Comte ; vous dont la tête
septuagénaire a blanchi sur leurs
écrits immortels , vous qui étes de-
venu ancien pour nous par la raison
profonde , ainsi que par les graces
touchantes qui règnent dans vos
Ouvrages.

D'abord nos bois de construction
ne valent ni le cèdre , ni le cyprès
des anciens. Les navigateurs de la
Phénicie , avec leurs vaisseaux de
cèdre , faisaient plusieurs fois le
tour du monde connu. Il était de
cyprès, ce fameux navire de Trajan,
qui resta treize cents ans sous l'eau,

sans perdre sa forme , & sans se désunir.

Nos Chefs d'escadre , dans leurs expéditions navales , regrettent souvent de n'avoir pas à leurs ordres un genre de vaisseaux si légers , qu'ils passassent devant une flotte ennemie , sans qu'elle pût les atteindre. Les Architectes de la marine ne pourraient-ils pas , à cet égard , étudier la construction des trirémes des anciens ; de ces trirémes qu'on faisait passer par-dessus les Isthmes , à qui il ne fallait pas un mois pour passer des Palus Méotides aux sources du Nil , & qui , avec un vent peu favorable , faisaient encore par jour cinquante lieues ?

Ces navires légers des anciens avaient encore un avantage inap‑ préciable à des yeux philoſophiques ; c'eſt qu'il était très ‑ difficile de les couler à fond , à cauſe des vuides en compartimens que les conſtruc‑ teurs avaient ménagés dans leurs maſſes ; comme ces vuides , ſéparés par de grands intervalles , ne com‑ muniquaient point entr'eux , ſi la pointe d'un rocher , ou le choc d'un vaiſſeau ennemi faiſaient quelqu'ou‑ verture au corps du bâtiment , un des vuides ſe rempliſſait , mais le navire reſtait à flot ; chez nous où la cale n'eſt point ainſi diviſée en compartimens , dès que l'eau y pénètre à une certaine hauteur , le jeu des pompes eſt inutile , & le vaiſſeau eſt ſubmergé.

Ce qui rend , ſur - tout , à mon gré , la marine des Phéniciens bien ſupérieure à la nôtre , c'eſt l'heureuſe combinaiſon qu'ils trouvèrent de la force des voiles avec celle des rames , pour maîtriſer toujours la mer , ſoit dans les calmes , ſoit dans les tempêtes.

Nous ſavons , j'en conviens , grace à l'ingénieuſe diſtribution de notre mâture , tirer le plus grand parti du vent ; mais ce vent quelquefois nous échappe ſous les tropiques , & par-tout nous contrarie par ſes bourraſques ; c'eſt alors qu'il faudrait employer la force motrice

des hommes toujours subsistante,
pour suppléer à l'absence du vent
dans le calme, ou pour rendre ses
fureurs inutiles dans les tempêtes.

Imaginons une coupe de vaisseau telle, qu'il puisse voguer également par le secours des voiles &
par celui des rames ; de quelle utilité
ne serait-il pas à nos du Guay-
Trouin & à nos Anson ?

L'artillerie ennemie a-t-elle
démâté un navire ? il rame contre
le vent, se met, en vingt minutes,
hors de la portée du canon, & trompe
ainsi l'espoir du vainqueur qui voulait le prendre ou l'engloutir.

Dans les navigations périlleuses,
au travers de mers inconnues, si des

courans portent un vaiſſeau contre des pointes de rochers qui menacent de l'entr'ouvrir , une demi - heure de travail de la part des rameurs le dégage. Le Capitaine Cook , le plus grand homme de mer qui ait exiſté , fut ſur le point de faire naufrage ſur un récif de corail de la Nouvelle-Zélande , parce qu'il ne pouvait ramer contre le courant ; il n'y avait plus de danger pour ce Marin célèbre , ſi au lieu de commander l'Endeavour, il avait commandé une trirème du Péloponèſe.

On éprouve de tems en tems , ſous la ligne , de ces calmes perfides , pendant leſquels un vaiſſeau embraſé par le ſoleil ſe décompoſe ;

ſi on pouvait, à l'aide des rames, le tranſporter ſeulement à un degré au-delà de ces parages funeſtes, on retrouverait l'uſage de ſes voiles, & on ſauverait ainſi le navire & l'équipage.

L'idée de ce vaiſſeau-galère n'eſt pas la ſeule de ce genre qu'on trouverait dans les anciens, ſur-tout ſi on les liſait dans les originaux. Les anciens, M. le Comte, ſont de terribles athlètes, quand nous autres modernes nous entrons en lice avec eux ; au moment où je puis me meſurer avec un Homère, ou avec un Tacite, je crois voir tout-à-coup ma taille diminuer de trois pieds ; il eſt vrai que quand j'ai rendu

(23)

*l'hommage que je dois à leur supé-
riorité , je retrouve bien-tôt ma
stature ordinaire.*

*Je sens que je m'écarte de mon
sujet ; mais si mon enthousiasme
pour les anciens contribue à faire
germer quelqu'idée utile dans la
tête des hommes qui gouvernent ,
si je paie par-là mon tribut de
citoyen à ma patrie , qu'importe
que ce soit dans un livre ou dans
une dédicace ?*

*Et vous , M. le Comte , vous me
pardonnerez aisément,en vous adres-
sant mes Phéniciens , de m'être plus
occupé d'eux que de vous. Quand
le grand Corneille dédia sa Tragédie
de Cinna , à l'obscur Montauron ,*

il eut befoin de tout fon génie pour le faire connaître ; mais lorfque je rends un pareil hommage à un homme de génie , il me fuffit de le nommer pour remplir l'objet de ma dédicace.

HISTOIRE

DES

PHÉNICIENS.

Nous venons de voir Ninive, Babylone, Ecbatane, Perſépolis, tenir tour
à tour le ſceptre de l'Aſie ; il n'y avait
ſur le reſte du globe, à la naiſſance de
ces Empires, aucun Etat digne de fixer
nos regards ; le monde entier ſemblait
alors borné entre la Méditerranée, la
mer Caſpienne & la mer des Indes.

Enfin, le ſouhait d'Alexandre ſe réa-
liſe ; d'autres mondes ſortent pour nous
du néant, & ce prodige eſt dû à l'audace
des Phéniciens & à leur induſtrie.

Ces Phéniciens, bornés à une liſière

de terre, voifins de Puiffances formidables qui fe difputaient la gloire de les
affervir, preffés entre la mer & les conquérans, osèrent chercher, fur les eaux,
un afyle contre les tyrans de l'efpèce
humaine. Leur courage réuffit, & ne
croyant qu'échapper à l'efclavage, ils fe
créèrent un Empire plus vafte que celui
des Cyrus & des Sémiramis.

Ces Phéniciens, devenus navigateurs,
& apprivoifés avec un ciel qui femblait
peu fait pour eux, fe répandirent fur la
furface du globe; ils reconnurent l'Archipel de la mer des Indes; ils firent le
tour de l'Afrique, & peuplèrent, de leurs
colonies, toutes les côtes qui s'étendent
du pied du mont Liban jufqu'au détroit
de Gibraltar.

Cependant cette grandeur des Phéniciens primitifs eft muette pour l'Hiftoire, parce que leur politique confifta
long-tems à faire un fecret d'Etat de
leurs découvertes, foit qu'ils craigniffent
que leurs fuccès n'éveillaffent l'ambition

des Puiſſances rivales ; ſoit que pref-
.ſentant le déſaſtre de leur métropole ,
ils vouluſſent ſe ménager , dans un
monde inconnu , un aſyle contre la
tyrannie de leurs deſtructeurs.

Je ne vois, dans ces antiques annales
de la Phénicie, qu'un moment brillant
pour la plume d'un Thucydide ; c'eſt
celui de la priſe de Tyr par Alexandre.
Preſque tout le reſte ne préſente que
des faits obſcurs, indignes de la majeſté
de l'Hiſtoire , ou des évènemens in-
certains qu'il faut abandonner aux conjectures des Philoſophes.

Nous ſuppléerons à ce long ſilence par
nos recherches ſur l'origine de la navigation ; recherches plus importantes aux
yeux de la raiſon , que des diſcuſſions
frivoles ſur la poſition de quelques vil-
lages qui ont vingt fois changé de maîtres, ou ſur l'âge de quelques Rois qui
n'ont rien fait pour vivre dans la mémoire des hommes.

PRÉLIMINAIRES GÉOGRAPHIQUES *(a)*.

IL n'y a, dans l'antiquité, aucun Etat dont la poſition ſoit plus difficile à fixer que celle de la Phénicie *(b)*; cela vient

---

(a) **Diſſertations** de M. l'Abbé Mignot, dans les tomes LX & LXI des *Mémoires de l'Académie des Belles Lettres*; Bochart, *Géogr. ſacr.* lib. 2; Etienne de Byzance, au mot *Phénice*; Strabon, *Géogr.* lib. 16; *Géogr. ancienne* de Danville, tome 2.

(b) On demande d'où dérive le mot de *Phé-nicie.* Voici une note qui peut ſervir à diſſiper les doutes des enthouſiaſtes de l'étymologie, & peut-être à multiplier ceux des Philoſophes.

Sanchoniaton laiſſe entendre que Chna, frère d'Iſtris, fut le premier homme à qui on donna le nom de Phœnix; nom adopté par la Phénicie, en l'honneur de la mémoire de cet Atlante. Euſeb. *Præpar. Evangel.* lib. 1, cap. 9.

des diverſes révolutions que ſa puiſſance
a eſſuyées dans le continent, & du peu

Ariſtote prétend que ce fut un peuple de la
Theſſalie, qui, pour ſe venger des invaſions des
pirates de Tyr, leur donna le premier le nom
de Phénicien ; nom dérivé du mot grec φοινίζαι
qui veut dire *maſſacrer* ; voyez le traité de
ce Philoſophe, qui a pour titre : *De Mirabil.
Auſcult.* — Il reſte à examiner par quelle
étrange biſarrerie les navigateurs de Tyr adop-
tèrent un nom grec qui déſignait une injure.

Il me ſemble que Strabon eſt bien moins
abſurde, quand il adópte l'opinion de ceux
qui traduiſaient le mot *Phénicien* par celui de
rouge, à cauſe de la mer *Erythrée* ou *Rouge*,
dont ils tiraient leur origine. *Géograph.* lib. 1.

Comme le mot de *phœnix* ſignifie en grec un
palmier, d'autres Grecs, qui voulaient rendre
raiſon de tout, diſaient que cet arbre, étant
très-commun ſur la côte de Tyr, avait donné
ſon nom aux Tyriens ; Ariſtote s'eſt moqué de
cette étymologie, comme nous nous moquons
de la ſienne ; & en effet, ce n'eſt pas dans la
langue Grecque qu'il faut chercher l'origine du
nom d'un peuple qui exiſtait tant de ſiècles
avant que les Grecs euſſent une Grammaire.

d'attention des Hiftoriens à en marquer les époques.

Tantôt on a confondu les Syriens & les Phéniciens; erreur d'autant plus naturelle, qu'il y a eu réellement une province appellée *Phénicie du Liban*, dont Damas était la capitale, & qu'on

---

On a dit auffi que Phénix, fils d'Agenot, avait donné fon nom au pays où il régna. *Apollodor.* lib. 2.

Scaliger, de fon côté, dérive le mot de Phénicie d'un mot fyriaque *pinhes*, qui fignifie un *homme confiant*; titre, ajoute-t-il, qu'on donna au Patriarche Chanaan, fondateur de Sidon. *De emandat. tempor.* Not. *in fragm.* pag. 35.

Bochart trouve les Phéniciens dans *Benci-Anak*, qui fignifie les enfans d'Anak; il fuffit, dit-il, de changer *beth* en *phi* pour retrouver toute la première partie de cette étymologie. *Géogr. facr.* lib. 2.

Pour le grand Newton, il croit que Phœnix eft la traduction d'Edom; nom, dit-il, donné aux Iduméens, qui fe retirèrent en Phénicie fous le règne de David. *Chronol. réform.*

Devine fi tu peux, & choifis fi tu l'ofes.

diſtinguait de la Phénicie proprement dite , dont Tyr & Sidon étaient les métropoles.

Tantôt on a réuni la Phénicie avec une partie de la Paleſtine ; ce qui vient de ce que les Juifs ne connaiſſaient cette contrée que ſous le nom générique du pays de Chanaan ; au reſte , comme le texte précieux de Moïſe peut jetter quelques lumières ſur l'état des Phéniciens , au ſiècle de ce Légiſlateur , il eſt important de nous y arrêter (*a*).

Le pays de Chanaan , dont la Phénicie formait la partie la plus conſidérable , au tems de l'invaſion de Moïſe & de Joſué , était borné au Nord par l'Anti-liban , dont Sidon était peu éloignée ; à l'Orient par une ligne qui deſcendant de Leza , ſituée au pied de la même chaîne de montagnes , paſſait par le lac de Généſareth & par le Jourdain , & ſe

______

(*a*) Geneſ. cap. x ; *Mémoires de l'Académie des Belles - Lettres* , tome LX , pag. 165.

terminait à l'extrémité du lac Afphaltide, auprès duquel étaient ces fameufes villes de la Pentapole, que le feu du ciel détruifit, fuivant la Genèfe. L'Arabie fervait de limite à cette contrée du côté du Midi, & du côté de l'Occident, la route de Gaza à Sidon.

La Phénicie, fous ce point de vue, c'eft-à-dire n'embraffant, fous fa plus grande dimenfion, que le chemin de Gaza à Sidon, devait avoir une étendue bien peu confidérable. Gaza, dans les Cartes de nos plus célèbres Géographes, eft fituée à 31 degrés, 27 minutes, & Sidon à 33 degrés, 25 minutes de latitude feptentrionale (a); cet intervalle n'eft donc que d'un degré, 58 minutes, ou un peu moins de 50 lieues. La largeur eft encore moindre, puifqu'elle comprend à peine un degré ou vingt-cinq lieues. On eft bien étonné de ne point trouver, dans ce tableau géogra-

____

(a) *Carte de la Palefline*, par M. Danville.

phique de Moïse, cette lisière de terre qui s'étend le long de la Méditerranée ; lisière couverte de ports florissans & de villes célèbres , & d'où les Phéniciens partirent , à différentes époques , pour subjuguer les mers , & découvrir les mondes.

Cette terre de Chanaan , malgré son peu d'étendue , contenait onze peuples , dont la plûpart ne sont connus que par le Pantateuque.

Les Sidoniens sur le bord de la mer, dont Sidon, une des plus anciennes villes du globe , était la métropole.

Les Héthéens , placés au Midi, dans les montagnes & aux environs d'Hébron & de Bethsabée ; il y avait , dit-on , parmi eux une race de géans ; aussi le nom Phénicien *Khittat* , d'où dérive celui d'Héthéens , signifie *épouvante*.

Les Jébuséens, maîtres, jusqu'à David, de la célèbre ville de Jérusalem.

Les Amorhéens, peuple des Montagnes, dont le Prophête Amos disait que *leur force égalait celle des chênes, & leur taille celle des cèdres du Liban (a).*

Les GERGEZÉENS, nation obscure qui cultivait les environs du lac de Tibériade.

Les HÉVÉENS, placés depuis le territoire d'Hémath, jusqu'à une des branches du Liban.

Les ARCÉENS, d'abord voisins de Sidon, & qui, chassés de leur patrie, allèrent s'établir au Nord, entre Tripoli & Antarade.

Les SINÉENS, espèce de brigands qui, suivant Strabon, habitaient les hauteurs du Liban (b).

Les ARADIENS, établis le long de la mer, & dans une isle de rochers, où était Arad, leur capitale.

Les SAMARÉENS, qui probablement furent chassés de leur ancienne patrie, & bâtirent, sur le bord de la mer, à

(a) Amos, lib. 2, cap. 9.
(b) *Géogr.* lib 16.

quelque diftance d'Antarade, deux villes de Simyra & d'Orthofie.

Les HEMATHÉENS, dont Hemath, la métropole, était fituée probablement près de Damas, de l'autre côté du Liban.

La Phénicie de Sanchoniaton eft très-différente de celle de Moïfe ; fi cet Hiftorien célèbre a bien connu la pofition du pays où il était né, il réfulte de fon récit que la Phénicie formait une efpèce de triangle irrégulier, dont Tyr au fud-oueft, Aftarthé au fud-eft, & le mont Caffios au nord, formaient les trois pointes. Sous ce point de vue, elle aurait, dans une de fes dimenfions, 50 lieues, & dans l'autre foixante & quinze.

Notre célèbre Danville, après avoir pefé mûrement toutes les autorités, s'arrête aux détails fuivans, fur la Géographie de l'ancienne Phénicie.

Ce pays touchait à la Syrie par une ancienne ville, fur les ruines de laquelle Seleucus Nicator fit bâtir Laodicée, aujourd'hui Ladikieh.

Gabala & Balanée, maintenant Gebileh & Belnias, se trouvaient après Laodicée; ces trois villes étaient adossées à une chaîne de montagnes où habitait un peuple de Nazerins, aujourd'hui les Naffaris.

De la côte, on appercevait une isle de roches, située à deux cents pas dans la mer, & ayant tout au plus un mille de circonférence, où les Phéniciens avaient bâti une ville d'Arad, dont ils faisaient l'entrepôt de leur commerce.

Sur le continent, le long de la rive opposée à l'Isle d'Arad, était une ville d'Antarade, connue aujourd'hui sous le nom de Tortose.

Non loin d'Antarade, coulait un fleuve d'Eleuthère, maintenant Nahr - Kibir, dont les fables amoncelés changèrent dans la suite l'embouchure.

Quand on pénètre dans les terres, on trouve une ville de Raphanée, dont le nom moderne de Rafineh a conservé l'étymologie.

C'eft fur un rocher voifin de Raphanée, & dans une forterefle appellée
Mafiat, que le vieil de la Montagne,
fi célèbre du tems des croifades, avait
établi fa réfidence.

Les villes qu'on rencontre dans la
même ligne font Akkar, connue dans
la fuite fous le nom de Démétrias,
Arce, Simyre & Orthofe, dont les noms
fe font confervés fans altération jufqu'à
nos jours.

Tripoli, que les Turcs appellent
Taraboul, eft baignée par une rivière
qui fort des gorges du Liban, & qui
n'eft connue que fous le nom moderne de
Nahr-Kades, ou de fleuve Saint.

Il y a, dans la Phénicie, trois autres
fleuves célèbres, dont les noms modernes n'ont pas fait difparaître ceux
qui font confacrés par l'antiquité ; c'eft
le Nahr-Damur, le Nahr-Kelb, & le
Nahr - Ibrahim, qui repréfentent le
Tamyras, le Lycus & l'Adonis.

On cite encore, parmi les anciennes

villes Phéniciennes, Botrous, aujourd'hui Batroun , une Sarepta entre Tyr & Sidon, & une Aphaca, l'afyle de toutes les proftituées de l'Orient, qui fut détruite par ordre de Conftantin.

Byblos , beaucoup plus grande & plus floriffante que toutes les villes que je viens de citer, paffait, dans tout l'Orient, pour avoir des remparts auffi anciens que le monde ; elle était célèbre par le culte religieux qu'elle rendait à la mémoire d'Adonis.

Beryte, que les *Turcs* nomment Berout, ne cédait , en antiquité , qu'à Byblos ; c'était la patrie de Sanchoniaton ; on affurait , de fon tems , qu'elle avait été bâtie fous le règne de Saturne , un des Patriarches des Atlantes.

Sidon (aujourd'hui Seïde) moins ancienne que Beryte & Byblos, les éclipfa par fon commerce, & devint long-tems la métropole de toute la Phénicie ; on y montre aux étrangers , avec une forte d'enthoufiafme, la tombe de Zabulon , dont il réfulterait une grandeur de dix pieds pour la taille de ce Patriarche.

La grandeur de Sidon fut effacée dans la fuite par celle de Tyr, & cette dernière ville, devenue la réfidence des Rois, fe foutint dans fa fplendeur juf-qu'à fa deftruction par Alexandre.

Il ne faut pas confondre cette Tyr, renverfée par le Héros de Macédoine, avec une autre Tyr, plus ancienne, qui était bâtie en terre ferme, & qu'on nommait Paletyr. Cette ville ne fubfiftait déja plus vers la fin de l'Empire des Perfes, & Alexandre fit fervir fes ruines à combler le bras de mer qui féparait l'ancienne Tyr de la Tyr plus moderne, qu'il facrifia à fa vengeance.

Quand la feconde Tyr fe vit une des métropoles de l'Orient, enflée de fa grandeur, elle fe fit une généalogie, & fe prétendit fondée par Hercule. Le Poète Nonnus, qui n'a fait, à cet égard, que mettre en vers le tradition Tyrienne, rapporte que ce Héros fit embarquer, fur la mer de Phénicie, quelques - uns des compagnons de fes travaux, & qu'il leur commanda de voguer, jufqu'à ce qu'ils trouvaffent deux roches flottantes, que des facrifices aux dieux rendraient immobiles, & fur lefquelles ils jetteraient les premiers fondemens de Tyr (*a*). Les roches fe trouvèrent en effet ; quelques grains d'encens brûlés en l'honneur de Neptune, en affermirent la bafe au fond de la mer, & voilà l'origine de la plus fameufe des deux Tyrs. Ce conte oriental eft confirmé par des bas-reliefs & d'antiques médailles.

Quand Hérodote, au fortir de l'Egypte, vint à Tyr, fes habitans un peu plus raifonnables, parce qu'ils parlaient à un Grec, fe contentèrent de lui dire que leur temple d'Hercule était de la même époque que la fondation de leur ville, & que l'un & l'autre avaient 2300 ans

____

(*a*) Dionifiac, lib. 4.

d'antiquité (*a*). Au refte , les Tyriens faifaient trop d'honneur à Hérodote , & fa plume facile était faite pour copier le conte des roches flottantes , comme l'hiftoire un peu fufpecte des vingt - trois fiècles d'antiquité.

Tyr était fituée dans une ifle , éloignée de trente ftades du continent ; du moins tel eft le récit de Strabon (*b*). Pline ne fuppofe la diftance que de fept cents pas (*c*) ; mais il n'y a ici qu'une contradiction apparente ; il eft évident qu'à l'époque dont parle le favant Auteur de l'*Hiftoire Naturelle* , on avait rapproché , par des jettées , l'Ifle , de la terre ferme.

Les murs de Tyr , conftruits d'énormes pierres de taille , unies par un ciment fait pour l'éternité , avaient , dit - on , cent cinquante pieds de hauteur (*d*).

(*a*) Herod. lib. 2.
(*b*) *Géogr.* lib. 16.
(*c*) *Hiftor. Natur.* lib. 5 , cap. 17.
(*d*) Arrian. *de expedit. Alex.* lib. 2.

Le crédule Arrien, qui nous a tranfmis ce fait, n'a pas affez d'autorité pour
le rendre vraifemblable, & la philofophie
doit réduire cette élévation prodigieufe
des remparts de Tyr, comme elle a déja
fait de ceux de Ninive & de Babylone.

Nous terminerons le tableau de Tyr,
à l'époque de fa prife par Alexandre.

DE QUELQUES

MONUMENS PHÉNICIENS,

ET SUR-TOUT DES RÉSERVOIRS DE SALOMON.

IL nous reſte aſſez peu de monumens de l'antique Phénicie, & il faut encore moins attribuer cette perte au tems, qui dévore en ſilence tous les ouvrages des hommes, qu'à la jalouſie petite & cruelle du Héros qui renverſa Tyr, & au fanatiſme de la religion Muſulmanne.

Il n'y a rien de merveilleux dans les deux tombeaux que l'on montre, avec oſtentation, ſur la rive oppoſée à l'ancienne Iſle d'Arad (a); l'un eſt un cylindre couronné d'une eſpèce de pyramide, ayant vingt-trois pieds d'élévation. Le piédeſtal

---

(a) Maundrell. *Journ. From. Alep. to. Jeruſ.*

quarré qui porte ce monument en a lui-
même dix de hauteur , & foixante de
circonférence ; l'autre eft un cône ter-
miné en hémifphère , qui femble un peu
moins élevé que le cylindre ; il repofe
fur une bafe quarrée , haute de fix pieds ,
& qui en a foixante-fix de tour. Quatre
lions affis terminent les angles de cette
bafe ; mais ce font des blocs informes ,
à peine ébauchés par le cifeau de l'artifte ;
& en général les deux tombeaux, exécutés
fans principes , n'ont demandé que des
bras pour les conftruire.

Il y a un peu plus d'induftrie dans
une double colonne de marbre granit de
quatre-vingt pieds de haut , qu'on trouve
dans les ruines de l'ancienne Tyr (*a*). Cette
double colonne a été taillée dans le même
bloc , avec une patience que l'Egyptien
admirerait jufques dans les Architectes
de fes pyramides.

(*a*) *Voyages de Syrie & du mont Liban* ,
par la Roque , tome 1 , pag. 21.

Il ne faut citer, qu'à cauſe de ſa biſarrerie, un autre monument qu'on rencontre non loin des tombeaux que nous
avons faits connaître ; c'eſt une eſplanade
d'environ cent trente pieds en quarré,
bordée d'un mur de ſept pieds de haut,
vers le fond de laquelle on voit une eſpèce
de trône formé de quatre grandes pierres
ſans aucun ornement de ſculpture, excepté
celle du dais, qui eſt revêtue d'une cor-
niche. L'unique objet d'étonnement dans
cet ouvrage Phénicien, eſt d'avoir été
tout entier taillé dans le roc : il y a cependant un peu loin de-là aux ruines de
la Grèce & de Palmyre.

Les trois réſervoirs de Salomon ſont,
à mon gré, le ſeul monument Phénicien
digne de fixer les regard de la poſtérité ;
ils ſont ſitués à une lieue de Tyr, dans
une plaine, bornée d'un côté par l'Antiliban, & de l'autre par le grand chemin
de Ptolémaïde (*a*). Le plus conſidérable de

____

(*a*) *Voyages de Syrie & du mont Liban,*
par la Roque, tome 1, pag. 289.

ces réfervoirs repréfente, extérieurement,
une tour quarrée de trente pieds d'élévation , où l'eau s'élève toujours jufqu'au
fommet , & va remplir un grand baffin
octogone de foixante pieds de diamètre,
dont les bords forment une plate-forme
de huit pieds de large, fur lefquels on
fait le tour du baffin. L'eau eft limpide
& tranquille fur la furface, mais elle fort
avec la plus grande impétuofité par deux
ouvertures ménagées fur les deux côtés
du baffin , fe précipite dans la plaine ,
& y forme une rivière qui fe jette, avec
fracas , dans la mer, à un mille du réfervoir.

Un fuperbe aqueduc , dont il refte
encore des arcades entières, conduifait
autrefois ces eaux dans la ville de Tyr.
L'Ecrivain que je confulte, les Voyageurs
qui l'ont répété, & les Auteurs d'Hiftoires
Univerfelles , qui n'ont jamais fçu que
tranfcrire, fe réuniffent tous à fuppofer
que cet aqueduc devant traverfer la jettée
conftruite par Alexandre, pour unir l'Ifle

à la terre ferme, était néceſſairement l'ouvrage de ce Héros, ou poſtérieur à ſa
conquête; mais cette conjecture ne peut
pas ſoutenir un moment les regards de
la critique; elle eſt démentie à-la-fois
par les faits & par la raiſon.

D'abord la tradition univerſelle de
l'Orient attribue cet ouvrage magnifique à Salomon, qui l'entreprit pour
reconnaître le ſervice que lui avait rendu
Hiram, Roi de Tyr, en lui envoyant
des cèdres du Liban pour la conſtruction du Temple de Jéruſalem. Ce fils
célèbre de David ſemble même y faire
alluſion dans ſon Cantique des Cantiques (a). Qu'eſt-ce qu'on oppoſe à cette
tradition autentique ? Prétendrait-on que
le mot de Salomon ne ferait qu'un terme appellatif, qui déſignerait un ſage
par excellence ; & donnerait-on à l'aſ

____

(a) *Puteus aquarum viventium quæ fluunt cum impetu de Libano*, cantic. cap. 4.

faffin de Clitus , au bourreau de Callif-thène , un titre que l'Orient fubjugué par les Romains, n'a pas ofé donner à Marc-Aurèle ?

Cette hypothèfe abfurde n'a été ima-ginée, que parce qu'on ne voyait pas com-ment l'aqueduc de Salomon pouvait con-duire les eaux du réfervoir, dans l'Ifle de Tyr , avant la conftruction de la chauf-fée d'Alexandre.

Mais pourquoi n'aurait-on imaginé de réunir Tyr à la terre-ferme que vingt-cinq fiècles après fa fondation ? Les bienfaiteurs de la Phénicie ne purent-ils pas faire, pour embellir leur Capitale, ce qu'Alexandre exécuta pour la renverfer ?

A l'époque dont parle Pline , il n'y avait qu'un intervalle de fept cents pas entre l'ifle & le continent. Faut-il donc pour combler un canal auffi étroit, tout le génie d'une Sémiramis , & tous les tréfors d'un Louis XIV ?

Il me paraît démontré que quand l'an-cienne ville de Tyr commença à perdre fa fplendeur, on chercha à la réunir avec la nouvelle ; alors un ifthme conftruit de mains d'hommes traverfa le détroit, & Palétyr ne fut plus qu'un des fauxbourgs de Tyr , devenue la réfidence des Rois & l'entrepôt des richeffes du globe.

Et quand même cet ifthme, fi facile à conftruire , n'aurait été imaginé que par le deftructeur de Tyr , je conçois toujours comment les anciens Rois de Phénicie pouvaient conduire un aqueduc de Tyr à Palétyr , au travers d'un bras de mer qui n'avait que fept cents pas ; notre aqueduc du pont du Gard était un ouvrage encore plus difficile , & il femble deftiné , comme les aqueducs de Tarquin , à braver l'éternité.

Ii n'y a donc point d'abfurdité à attribuer à Salomon le monument Phénicien, qu'on appelle les Réfervoirs de Salomon.

Au refte , il faut avouer que cette tradition Orientale n'eft pas parvenue jufqu'à nous pure & fans mêlange ; le peuple qui croirait ſes héros dégradés, s'ils faiſaient humainement des ouvrages humains, a ſuppoſé que le fils de David, pour éterniſer ſon bienfait, avoit fait ſans fonds les réſervoirs de la Phénicie. Cette erreur accréditée par la crédulité des ſiècles, a même été confirmée par quelques Voyageurs de l'Europe, qui n'avaient aucun intérêt à en impoſer à notre bonne-foi. La crainte que j'ai de calomnier leur mémoire, me fait croire qu'ils s'y prirent mal pour leur expérience. Trompés, ſans doute, par la tranquillité des eaux ſur la ſurface du baſſin, ils jettèrent la ſonde du côté où elles ſe précipitent dans la plaine, & cette ſonde emportée par le courant leur perſuada qu'il n'y avait point de fonds dans le réſervoir. Quoi qu'il en ſoit de cette conjecture, un de nos Ambaſſadeurs à Conſtantinople, un peu plus Phyſicien que tous ces Voyageurs, le ſage Nointel fit jetter devant lui la ſonde d'un vaiſſeau François, à une égale diſtance des deux ouvertures par où l'eau s'écoule dans la plaine, & le fond du réfervoir fe trouva à trente-cinq pieds de fa furface ; mais comme la faine Phyfique ne guérit jamais la fuperftition invétérée, l'expérience fut perdue pour les habitants de Tyr, & on y croit encore aux réfervoirs fans fonds de Salomon.

ANTIQUITÉ DE LA POPULATION DANS LA PHÉNICIE.

N'oublions pas les principes que nous avons pofés à la tête de cet Ouvrage, & qui fervent à lier entre elles toutes les Hiftoires éparfes & mutilées de l'Univers.

La Phyfique démontre que l'Afie étant plus haute que l'Afrique & l'Europe, a dû s'élever plutôt au-deffus de l'élément dominateur, qui a couvert primitivement la furface du globe ; ainfi c'eft dans le fein de cet antique Continent qu'il faut chercher le berceau du genre humain.

Le peuple primitif fut circonfcrit d'abord dans l'enceinte des montagnes ; mais à cette époque, il n'y a d'hiftoire que celles que font preffentir les conjectures des Philofophes.

Nous ne commençons à avoir des lumières précifes fur notre origine, que depuis que les plaines de l'Afie commencent à devenir habitables ; elles le devinrent aux environs des hauteurs, foit convexes, foit pyramidales ; ailleurs le terrein était trop de niveau avec la furface des mers. Ainfi c'eft autour des branches du Caucafe, entre les chaînes du Liban & de l'Antiliban , & vers le pied du Plateau de la Tartarie que les héros, de ce que nous nommons l'âge d'or , paraiffent avoir fondé leurs premiers Empires.

Nous avons déja écrit l'Hiftoire des Colonies du Caucafe , à qui nous devons la fondation des Monarchies de Cyrus & de Sémiramis.

Les Syriens fortent des chaînes du Liban & de l'Antiliban, & les Phéniciens qui les avoifinent , & avec qui fouvent on les confond, font, fans doute , une de leurs Colonies.

Outre cette origine philofophique, qui fe perd dans la nuit des tems , le peu-

ple qui nous occupe en a une plus récen-
te , qu'on peut puiſer dans les monumens de l'Hiſtoire.

Strabon , qui ſait décrire comme Géo-
graphe, le monde, dont il peint les révolutions comme Hiſtorien , a conſigné
dans un texte précieux la tradition Orientale , ſur cette origine poſtérieure des Phéniciens : » Les inſulaires de cette partie
» de la mer Erythrée, qu'on déſigne ſous
» le nom de Golphe de Perſe , rappor-
» tent qu'en navigeant au-delà de leur
» mer , on rencontre deux iſles de Tyr
» & d'Arad , dont les habitants ont le
» culte religieux des Phéniciens , & re-
» gardent ce dernier peuple comme une
» de leurs Colonies (a) «.

Pline n'a pas à cet égard un autre lan-
gage que Strabon (b) ; & les Mages de

____

(a) Strab. *Géograph.* lib. 16.

(b) *Erythia dicto eſt , quoniam Tyrii abori-
gines eorum orti ab Erythræo mari ferebantur.*
Voy. *Hiſtor. Natur.* lib. 4 , cap. 22.

la Perfe ne démentirent point cette opinion générale, quand ils furent interrogés
par Hérodote (*a*).

Mais quelle eft cette mer Erythrée où
la Tyr des Phéniciens trouvait fa métropole ? Ne perdons pas de vue la chaîne
de nos principes fur le monde primitif ;
& fouvenons-nous bien qu'il ne faut pas
plus juger du globe, dans fes premiers
âges, par les Cartes de nos Géographes,
que de la Rome de Numa par celle des
Souverains Pontifes.

Les Anciens appellaient mer Erythrée
le Golphe de Perfe ; ils donnaient le
même nom à la mer Rouge, à cette partie de la mer des Indes qui eft au-delà
du détroit de Babelmandel, & même à
cet Océan Atlantique qui avoifine le détroit de Gibraltar (*b*).

____

(*a*) Herod. lib. 1 & lib. 7.
(*b*) Voyez-en les preuves dans cette *Hiftoire
des Hommes*, Partie ancienne, tome 4, pag.
34.

Ce nom commun donné à des mers féparées aujourd'hui par de fi énormes intervalles, annonce une époque dans la férie des fiècles où elles furent réunies ; alors l'Océan n'avoit point laiffé pour monument de fa retraite ces deux grands baffins qui forment un rempart circulaire à l'Arabie ; & le navigateur, fans quitter la mer Erythrée, pouvait aller de l'extrémité méridionale de l'Afie jufqu'à la mer Cafpienne, & peut-être de la mer Cafpienne aux Colonnes d'Hercule.

Cette prolongation de l'Océan au travers du continent de l'Afie, que nous avons démontrée à la fois par la Philofophie & par les faits, rapproche infiniment la métropole des Phéniciens de l'ifle primitive du Caucafe.

Les infulaires de la Tyr & de l'Arad de Strabon, paraiffent donc des peuples primitifs, qui fe trouvant d'autant plus éclairés qu'ils avaient un commerce plus direct avec les Atlantes de la métropole, allèrent civilifer le long de notre Méditerranée, la colonie encore fauvage des Syriens du mont Liban.

Si les Syro-Phéniciens fubfiftaient depuis long-tems en corps de nation, on peut fuppofer que les infulaires de Tyr & d'Arad envoyèrent dans cette contrée une Colonie qui peu-à-peu éclipfa les indigènes, les fubjugua & les fit oublier.

Quelle que foit l'hypothèfe qu'on adopte, il paraît évident qu'il y a eu un premier peuple Phénicien, iffu des Syriens du mont Liban.

Que cette race d'hommes a été anéantie, & qu'une Colonie fortie de la mer Erythrée a pris fa place.

Enfin, ces infulaires Erythréens étaient navigateurs, & abordèrent en Phénicie, non par la mer des Indes, mais par les reftes de l'Océan qui baignaient encore les plaines voifines du Caucafe.

Il ne faut pas demander à l'hiftorien l'époque de toutes ces révolutions ; il ne fçait point l'âge précis de la plûpart des

Empires qui ont précédé l'Ere ſi moderne de Calliſthène , comment devinerait - il l'âge du globe ?

Les Phéniciens diſaient , ſous les Ptolémées , qu'ils ſubſiſtaient en corps de peuple depuis trente mille ans (*a*) ; & ils faiſaient entendre que pendant l'intervalle de ces trois cents ſiècles , aucune Puiſſance n'avait eu l'audace de les ſubjuguer. Voilà un rêve de la vanité nationale, que la Philoſophie ne doit point s'amuſer à interpréter : il nous ſuffit d'en conclure la prodigieuſe antériorité des colonies Atlantes de Tyr & de Sidon ſur ces inſulaires de la Méditerranée , qui ſe croyaient les pères du genre humain , parce qu'ils avaient des Homère , des Démoſthène & des Phidias.

La vanité Grecque méritait d'autant plus d'être humiliée par la vanité Phé-

-----

(*a*) Voyez Jules-Africain. *Syncell. Chronogr.* pag. 17.

nicienne, que les armateurs de Tyr &
de Sidon, à l'époque de la civilisation
de l'Europe, étaient vraiment les instituteurs du globe (*a*). Eux seuls dans leurs
navigations hardies, faisaient circuler les
arts & les lumières, mettaient les nations en correspondance entre elles, &
formaient une seule famille de toutes
les races d'hommes éparses dans l'Univers.

Cet art de la navigation dont l'origine (pour nous qui avons perdu presque tous les titres de famille de nos pères) ne remonte pas plus haut que les
Phéniciens ; cet art, dis-je, est un nouveau pas que l'esprit humain a fait vers

---

(*a*) Ils furent, sur-tout, les instituteurs des
Grecs. ,, Les Phéniciens, dit Josephe, ont été
,, le premier peuple connu des Grecs, & c'est
,, par eux que ceux-ci ont eu connaissance des
,, Egyptiens, & dans la suite de toutes les na-
,, tions dont les Phéniciens apportaient les mar-
,, chandises dans les ports de l'Archipel. *Contr.*
Appion. lib. 1, n°. 12.

fa perfection ; & ce pas , dans une histoire telle que celle-ci, doit être mesuré
par le Philosophe.

HISTOIRE PHILOSOPHIQUE DE L'ANCIENNE NAVIGATION.

Ils en ont impofé à la crédulité humaine, ces hardis fpéculateurs qui dans l'ombre de leurs cabinets interrogeant, non la nature, mais les livres, ont fixé dans les Annales des Nations, le moment précis où la mer fut fubjuguée pour la première fois; affurément, il n'y a point de Chronologie qui puiffe remonter à cette époque, à moins qu'on n'admette celle du Roman Philofophique qui vient de déterminer l'âge des planètes.

L'origine de la navigation, pour l'homme éclairé, fe confond avec l'origine de la population du globe.

Nous avons vu l'Atlante du Caucafe environné d'une mer fans bornes, s'apprivoifer d'abord avec la fureur des vagues qui menaçaient de l'engloutir &

répéter fes expériences fur cet élément terrible, jufqu'à ce qu'il fût convaincu, en voyant l'orgueil de fes flots expirer à chaque inftant fur un grain de fable, qu'il n'était point en fon pouvoir de détruire l'architecture de fa prifon.

L'inftant dans la férie des fiècles, où l'Océan, par fa retraite, laiffa à découvert les chaînes des grandes montagnes de l'Afie & de l'Afrique, fit faire un nouveau pas à l'induftrie audacieufe des hommes primitifs ; entraînés par une curiofité inquiète & active, ils voulurent franchir l'enceinte de leur prifon, & atteindre phyfiquement ces terres vierges encore, où ils s'élançaient déja avec les ailes de la penfée ; ils voulurent fe créer une nouvelle patrie, & les mers furent fubjuguées.

D'autres caufes contribuèrent encore à accélérer ce développement de l'intelligence humaine : quand la terre du Caucafe eut épuifé une partie de fes fucs générateurs, les hommes preffés autour de ſes rochers furent obligés, par la voix impérieuſe du beſoin, à ſe porter vers de nouvelles contrées du globe, où ils retrouvaſſent la nature, avec toute ſon énergie & toute ſa fécondité.

Enfin, il pourrait ſe faire, comme je l'ai déja fait preſſentir dans l'hiſtoire du monde primitif, que le deſir de ſecouer le joug du deſpotiſme eût hâté encore la découverte de la navigation; l'induſtrie qui rampe, quand l'homme ſe familiariſe avec ſes chaînes, prend des ailes quand il veut être libre; les vagues irritées & la tempête ne ſont rien pour le républicain audacieux, qui ne veut que s'élancer au-delà de ſa priſon; ainſi le deſpotiſme aurait rendu l'homme navigateur, & c'eſt peut-être l'unique bien qu'il ait fait au monde.

Quoi qu'il en ſoit, je vois l'homme primitif déterminé à abandonner l'Iſle du Caucaſe, & à peupler au péril de ſa vie l'iſle de l'Immaus, celle du Paropamiſe ou celle de l'Atlas; car ces montagnes n'étaient découvertes encore que par leurs sommets, & formaient sur l'Océan un vaste Archipel.

Mais on connaîtrait bien peu l'esprit humain, si on se représentait à cette époque des flottes formidables sortant des Ports du Caucase, & des Colombs audacieux allant à la découverte des mondes, & s'élançant dans des mers inconnues, entraînés par l'impulsion du génie & sur la foi des étoiles.

L'esprit de l'homme ne fait rien que par degrés ; il lui faut des siècles entiers pour se débarrasser des langes qui captivent son enfance ; & quand parvenu dans l'âge de la maturité, il rencontre quelque vérité neuve, il lui faut d'autres siècles encore, pour l'envisager sous toutes ses faces, & en faire la clef de la nature.

Rassemblons sous un point de vue cette série des siècles qui ont dû s'écouler entre la découverte du radeau primitif, & la construction d'un navire digne de porter les Argonautes.

Des corps légers flottants sur la surface de l'onde, donnèrent à l'insulaire du Caucase la première idée de la navigation.

Ces corps étrangers ne se soutiennent que parce qu'ils n'ont pas la pesanteur spécifique de l'élément sur lequel ils surnagent; il suffit donc de leur donner une grande surface, pour que l'homme, placé sur ce plancher mobile, captive l'onde qui menaçait de l'engloutir. Ainsi raisonna l'Atlante, & il eut un radeau.

Des branches d'arbres liées ensemble par leur écorce, des roseaux entrelassés suffirent pour la construction de ce navire élémentaire, avec lequel l'homme primitif se contenta de côtoyer les environs du Caucase.

Dans la suite, ce radeau fut perfectionné par Chrysor, le Vulcain des Grecs, & un des premiers héros des Atlantes. Ce service rendu aux hommes est encore dû à la Phénicie qui avait inventé la navigation (*a*) : & Sanchoniaton , dans ses Annales , en fait honneur à sa mémoire.

Mais le choc des vagues, le tranchant des rochers peuvent désunir des roseaux mal unis ou des branchages grossièrement entrelassés : alors l'insulaire du Caucase imagina de substituer au radeau un tronc d'arbre creusé : c'est le canot primitif des Sauvages.

Les Phéniciens , qui ont rapproché d'eux toutes les découvertes des premiers âges , rapportent ainsi cet évènement : „ Il y eut, dit Sanchoniaton , au siècle „ des Géants , un grand orage dans le „ pays de Tyr, le tonnerre tomba plu- „ sieurs fois, & mit le feu à une forêt en- „ tière qui fut consumée. Ousous se saisit „ d'un des arbres qui avait échappé à „ l'incendie, le dépouilla de ses rameaux

---

(*a*) Voyez Sanchoniaton dans Eusèbe. *Præpar. Evangel.* lib. 1 , cap. 9.

» & ayant creusé son tronc, osa se mettre
» en mer. Son audace ayant réussi, il
» adora le feu & le vent, leur offrit des
» sacrifices, & leur érigea deux colon-
» nes «.

» Presque toute cette race s'éteignit :
» alors les hommes qui restaient adorè-
» rent ces colonnes, & établirent en leur
» honneur des fêtes annuelles (a) «.

Il me paraît assez extraordinaire qu'on
fasse intervenir ici le feu du tonnerre
pour apprendre la construction d'un canot : au reste, le mot ajouté par l'Historien, que *cette race d'hommes s'éteignit,*
annonce une époque qui se perd dans la
nuit des siècles ; & il ne faut point juger
par nos mœurs celles des insulaires du
Caucase.

Ce tronc d'arbre creusé fut long-tems
l'unique navire des premiers habitans de

(*a*) Sanchoniaton dans Eusèbe. *Præpar.
Evangel.* lib. 1, cap. 9.

la Grèce ; ils appellaient ce foible esquif un *monoxyle*, & il leur suffisait pour franchir les détroits qui séparaient les différentes plages de leur Archipel.

Au reste, la nature dans les climats chauds, où les sucs générateurs des plantes ont toujours plus d'énergie, favorisait singulièrement la paresse des premiers constructeurs des monoxyles ; il croissait autrefois dans les marécages de l'Ethyopie des espèces de cannes de Bambou d'une grosseur si prodigieuse, qu'il suffisait d'en couper une d'un nœud à un autre, & de diviser ensuite ce fragment dans toute sa longueur, pour en former deux monoxyles (*a*).

J'ignore où les pirates de la Germanie, qui infestaient les mers Romaines du tems de Pline, prenaient les arbres mons-trueux qui servaient à la construction de

---

(*a*) Heliod. *Æthyop.* lib. 10, cap. 27.

leurs monoxyles ; mais ils en avaient,
dit-on, qui portaient trente hommes (*a*).
Ces arbres font encore plus merveilleux
que les bambous de l'Ethyopie.

Au reste, si un conte moderne pouvait
justifier un conte de l'antiquité, j'ajoute-
rais que Daviti assure avoir vu en Afrique des vaisseaux de guerre faits d'un
feul arbre creusé, qui portait jusqu'à
deux cents hommes (*b*). La scène est au
Congo, & le Voyageur y renvoie les in-
crédules.

On pourrait encore mettre au rang des
monoxyles ces écailles énormes de Tor-
tues, fur lesquelles d'anciens insulaires
de la mer Rouge exerçaient leurs obs-
curs brigandages. Il est vrai que Pline, à
qui nous devons ce récit, le rend lui-
même suspect, en ajoutant qu'il y a telle
de ces écailles qui couvrirait une maison

(*a*) Plin. *Histor. Natur.* lib. 9 , cap. 10.
(*b*) *Description du Monde* , tome 1.

entière (*a*). Il faut placer avec le cerbère & l'hypogriffe cette tortue de Pline, qui d'une de ſes écailles fait la carène d'un vaiſſeau , & de l'autre le toît d'un édifice.

Laiſſons-là les Romans de l'antiquité, & revenons à la généalogie philoſophique des idées, qui a dû conduire l'homme primitif à la conſtruction d'un vaiſſeau.

L'homme aſſis dans le creux d'un arbre flottant, ou couché dans un radeau, n'eſt pas encore navigateur ; il ne lui ſuffit pas d'oppoſer à la vague une barrière qui l'empêche de l'engloutir , il faut qu'il maîtriſe cette vague , & qu'il faſſe ſervir ſa réſiſtance même, à le conduire à la plage où il veut aborder.

L'inſulaire primitif arrivé à cette époque , n'eut beſoin que de voir l'oiſeau fendre les airs, ou le poiſſon ſe jouer ſur

____

(*a*) *Hiſtor. Natur.* lib. 6 , cap. 40.

la furface des eaux , pour réfoudre fon problême.

Le poiffon fur-tout dut alors fixer fes regards ; fa tête donnait une idée exacte d'une proue, fes nageoires celle des avirons, & le mouvement de fa queue celle d'une pouppe & d'un gouvernail.

On fe mit donc à conftruire , d'après ces principes, des efpèces de poiffons de bois , dans le fein defquels des hommes diftribués imitaient , le gouvernail ou l'aviron en main, le mouvement de la queue & celui des nageoires.

Il n'y a pas un grand art à élever ou à abbaiffer des rames en cadence ; il y en a davantage à calculer la théorie d'un gouvernail , à régler fon mouvement fur l'impulfion des vents ou fur les efforts des rameurs , à obferver que l'action la plus grande que l'induftrie humaine puiffe lui donner, eft lorfqu'il fait avec la quille du navire, un angle de cinquante-quatre degrés quarante - quatre minutes. Auffi l'Hiftoire a pris foin de confacrer le nom du Pilote de l'Antiquité, qui conduifit à fa plus grande perfection la théorie du gouvernail. On croit que c'eft Typhis, le conducteur du vaiffeau des Argonautes (*a*).

L'idée que le meilleur vaiffeau eft celui qui imite le plus parfaitement le méchanifme du poiffon qui nage, n'eft point un rêve particulier des infulaires du monde primitif : de nos jours, où l'Architecture navale a fait tant de progrès, des Artiftes célèbres après avoir épuifé tous les fyftêmes, en font revenus à ce principe du globe à fon berceau ; Hendriek, le plus éclairé de nos conftructeurs, a trouvé que les poiffons étaient les plus habiles navigateurs de l'univers; que parmi ces poiffons le Scomber (*b*) femblait celui dont la nature avait fait le meilleur nageur ; & il a ofé, d'après la

---

(*a*) Plin. *Hiftor. Natur.* lib 7 , cap. 56.

(*b*) C'eft celui qu'on nomme vulgairement *maquereau.*

ſtructure du Scomber , conſtruire des navires dignes de faire le tour du monde avec nos Cook & nos Magellan (*a*).

Dès que l'homme primitif a pu faire mouvoir la plus frêle barque à l'aide des rames , & diriger ſa route ſur les eaux , avec le ſecours d'un gouvernail , il a ceſſé

(*a*) Il eſt certain que cette ſtructure du Scomber eſt favorable à l'art de naviger. Son corps eſt cinq fois plus long que large ; le volume le plus fort de ſa maſſe eſt aux deux premières parties de ſa longueur , & le reſte va en diminuant , par une gradation inſenſible , juſqu'à la queue. Voilà préciſément la coupe ordinaire d'un vaiſſeau.

Hendrick , en ſuivant exactement toutes les proportions du Scomber , qu'il prenait pour modèle , trouvait que ſon navire ſerait meilleur voilier , qu'il ſillerait d'une manière plus égale , que ſon tangage paraîtrait plus doux , & qu'il ſerait moins expoſé à échouer que les navires fabriqués d'après les autres ſyſtêmes de conſtruction. Voyez le *Dictionnaire de Marine* de Saverien , tome 2 , pag. 356 : il eſt plus aiſé de plaiſanter Hendrick , que de lui répondre.

de côtoyer les rivages de l'iſle du Caucaſe ; & portant plus loin ſes vues auda-
cieuſes , il a eſpéré en franchiſſant l'intervalle des mers, d'atteindre à des montagnes nouvelles dont il appercevait de
loin les ſommets, comme un amas de
nuages.

Il devait paraître moins extraordinaire,
ſans doute , dans cette enfance du globe ,
de s'abandonner en pleine mer, ſur la foi
d'un ſimple eſquif dirigé par des rameurs. A cette époque , l'Océan , ainſi
que je l'ai déja fait preſſentir dans l'Hiſtoire des Atlantes, l'Océan, dis·je, moins
contrarié par les courans , n'ayant point
devant lui ces vaſtes continents qui rom-
pent l'effort de ſes vagues, devait avoir
une marche plus égale, & une action plus
uniforme ; l'expérience de quelques jours
de navigation formait alors plus ſûrement un pilote, que ne le forment aujourd'hui dix ans de manœuvre , &
les calculs de nos plus habiles Hydro-
graphes.

Ajoutons, que les vents dans ces premiers âges, ne se trouvant pas encore con-
trariés dans leur cours par l'architecture
compliquée du globe, ils pouvaient tous
dériver de la raréfaction de l'air, comme
notre vent d'Est sous les Tropiques, ce
qui en simplifiant leur théorie, la mettait à portée du moins instruit des navigateurs du Caucase.

Enfin, l'oscillation du flux & du reflux
étant à cette époque bien moins sujette
à varier, l'homme primitif se trouvait
beaucoup mieux placé, pour observer l'action de la lune sur la masse des mers, &
pour la soumettre à ses calculs : alors
aussi la théorie compliquée des marées
pouvait paraître un jeu aux Astronomes,
& si Newton avait vécu dans ces tems-là,
il aurait réduit son Livre des *Principes* à
trois pages.

Il résulte de cette chaîne d'idées, que
l'insulaire du Caucase pouvait entrepren-
dre, sur de frêles monoxyles, des trajets
de mer qui effrayeraient aujourd'hui le

pilote d'un vaiſſeau de guerre, s'il était obligé de les faire ſans bouſſole.

Quand par la retraite de l'Océan , le globe commença à ſe deſſiner comme nous le voyons , les courans naquirent avec les vents accidentels & les tempêtes : alors l'art de la navigation ſe compliqua, & il ne fut plus poſſible , avec la ſimple force motrice des rames, de s'élever en pleine mer, ſans s'expoſer au naufrage.

Il ne fut pas difficile de remarquer que le grand obſtacle de la nouvelle navigation venait , de ce que l'impulſion des rames était ſans ceſſe contrariée par l'impulſion plus forte des vents ; les hommes primitifs ne ſe découragèrent pas ; le ſuccès avec lequel ils avaient maîtriſé la mer , leur perſuada qu'ils maîtriſeraient un jour les vents. En effet , ils inventèrent les voiles ; & dès-lors les navigateurs purent eſpérer de connaître la ſurface du globe.

Je regarde cette découverte des voiles

comme la ligne intermédiaire qui fépare le monde enfant , du monde dans fa maturité.

Un grand nombre de nations fe font attribuées l'invention heureufe des voiles; les Grecs , qui à force de génie ont impofé filence , à cet égard , au refte de la tetre , ont dit les derniers , & ont fait croire que l'honneur en était dû à leur Dédale ; mais on trouve , dans l'Hiftoire Phénicienne , une anecdote qui tràhit leur vanité , & que la juftice que je dois à tous les hommes , m'oblige de tranf-crire (*a*).

Ifis avait perdu fon fils , qui feul , dans fes malheurs , lui faifait chérir l'exiftence. Cette mère tendre , après avoir parcouru , pour le trouver , le continent de l'Afie , s'embarqua fur un monoxyle , fe flattant de le rencontrer dans le fein des mers ; l'amour maternel , qui multipliait fes

---

(*a*) Cafliodor. lib. 5 , epift. 17.

forces, lui permit quelque tems d'agiter des rames pefantes; mais enfin, épuifée de fatigue, elle fe lève, & détache fon voile, de la partie antérieure de fa tête, pour effuyer la fueur qui inonde fon vifage; en ce moment le vent enfla cette gaze légère; ce fut un trait de lumière pour Ifis. Elle preffentit l'art de maîtrifer les vents, & fe hâta d'en faire part aux hommes.

Dès que le navigateur, mettant à profit une double force motrice pour l'impulfion de fon vaiffeau, put employer la voile lorfque la mer était agitée par les vents, & la rame dans les calmes, un horifon fans bornes s'ouvrit devant lui, & dès-lors naquirent les Colombs du monde primitif.

On a prétendu, je le fais, que les anciens, n'ayant point de connaiffance de l'aftronomie nautique, n'avaient jamais pu naviger hors de la vue des côtes; mais ce paradoxe de l'ignorance, qui ne voit rien au - delà du cercle

étroit où elle eſt circonſcrite, paraît aiſé
à réfuter.

Il faut anéantir tous les monumens de
l'Hiſtoire, s'il n'eſt pas démontré que les
Phéniciens, qui ont établi des colonies à
quinze cents liéues de leur patrie, dirigeaient leur route par la haute mer. Avides
de gain, & preſſés de jouir, ils n'auraient
pas conſacré des années entières à des
voyages, qu'ils pouvaient exécuter en ſix
ſemaines.

Les détracteurs de l'antiquité ont dit :
Les Phéniciens n'avaient point d'aſtronomie ; donc le récit de leurs grandes
navigations eſt un roman des Hiſtoriens ;
ils auraient beaucoup mieux raiſonné,
s'ils avaient dit : l'Hiſtoire a conſacré le
récit des grandes navigations des Phéniciens, donc ce peuple avait une aſtronomie.

Il me ſemble que les premiers navigateurs furent à portée de connaître leur
ciel, encore mieux que leurs mers. Ce
ciel, dans l'enfance du globe, était bien

plus pur qu'il ne l'eſt aujourd'hui , ſur-tout dans cette Aſie , qu'on a regardé , dans tous les âges , comme le paradis du globe, & le trône de la nature.

Eh ! pourquoi notre ignorance orgueil-leuſe refuſerait-elle aux premiers Phé-niciens ces connaiſſances élémentaires des aſtres , qui devaient ſervir à éclairer leur navigation ? L'Aſtronomie n'eſt-elle pas née dans le monde primitif ? Ne ſait-on pas que les Atlantes connurent preſ-que toutes les planètes de notre ſyſtême ſolaire ; qu'ils eurent des Copernic une foule de ſiècles , avant que nous euſſions des Ptolémée ; que le cycle de Newton, que la période luniſolaire de ſix cents ans , & celle de la preceſſion des équi-noxes , étaient calculées par leurs Caſſini ; que les Hyperboréens en particulier s'é-taient créé un ſixième ſens par la décou-verte du Téleſcope (a) ?

____

(a) Reliſez cette *Hiſtoire des Hommes* , Partie ancienne, tome 2 , pag. 196 , & tome 3 , pag. 120.

Je n'affirmerai point que les Phéniciens eussent une boussole ; car il ne faut rien affirmer dans la philosophie de l'Histoire ; cependant cette opinion n'est pas dépourvue de probabilités ; d'abord il est avéré que l'aimant était connu dans la plus haute antiquité : de plus, quelle est cette pierre Herculienne qu'on embarquait dans tous les navires destinés à de longs trajets de mer ? Le *cape verforiam* de Plaute ne signifie - t - il pas aussi bien *prenez une boussole*, que *halez le cordage de la voile* (a) ?

Ce qui rend cette induction encore plus vraisemblable, c'est qu'il est hors de doute que les anciens prenaient la hauteur du Pole. De quelle utilité pouvait leur être une pareille observation, s'ils ne se hasardaient pas en haute mer ? Et

---

(a) Le vers célèbre qui a donné lieu à cette double interprétation, est celui-ci.

Hic secundus ventus non est , cape modo verforiam.

fi , comme les monumens hiftoriques l'affurent , ils fe hafardaient en haute mer , comment , fous un ciel embrumé, pouvaient-ils naviger fans bouffole ?

Les Phéniciens connaiffaient la grande Ourfe, & l'appellaient *Pharashah* ; mot oriental , qui fignifie *indication* , parce que cette conftellation indiquait la route à leurs navigateurs (*a*).

Quand l'Aftronomie nautique commença à fe perfectionner chez eux , ils s'apperçurent que le *Pharashah*, occupant un très-grand efpace dans le ciel , n'indiquait pas le Nord avec affez de précifion, pour empêcher les erreurs de leurs marins ; alors ils s'attachèrent à obferver la petite Ourfe , qui occupe un champ moins étendu , & qui varie moins dans fa fituation ; il n'y a qu'un pas de cette gradation d'idées, au choix de la dernière étoile de la queue de la petite Ourfe ,

---

(*a*) Voyez le *Lexicon Hebr.* de Buxtorf.

dont nous avons fait notre étoile polaire (*a*).

Thalès de Milet, originaire de Phénicie, porta cette Aſtronomie nautique,
il y a près de vingt-quatre ſiècles, aux
Grecs, qui la firent ſervir de baſe aux
ſyſtêmes de leurs Philoſophes, & ceux ci
la tranſmirent aux Romains, qui l'em-
ployèrent à la conquête du Monde.

On ne connaîtrait qu'à demi la navigation des anciens, ſi nous ne nous arrê-
tions quelques inſtans ſur leur architecture navale, que nos vaiſſeaux de guerre
ont rendue inutile, mais qu'il n'ont pu
faire oublier.

Il paraît par les monumens & les médailles, qu'on ne fabriquait dans la moyenne

------

(*a*) Cette étoile polaire, touchant preſque
au Pole, regardé comme le centre du mouvement de notre planète, paraît ſenſiblement
dans la même place, à quelqu'inſtant de l'année
qu'on la regarde. Voilà le vrai *Pharashah* des
navigateurs.

antiquité, que deux efpèces de navires, les uns longs, & les autres de forme elliptique ; le rapport de la longueur à la largeur, dans les premiers, était d'un à trente, & dans les derniers, d'un à neuf ; on fe fervait des vaiſſeaux elliptiques pour le tranfport, & des longs pour les armemens.

On n'employait guères que quatre efpèces de bois pour la conftruction ; c'était le cyprès chez les Aſſyriens, le hêtre dans la Grèce, & le pin à Rome ; pour les Phéniciens, qui travaillaient pour l'éternité, ils ne faifaient entrer dans leurs chantiers que les cèdres du Liban.

On a prétendu que les anciens favaient auſſi faire flotter des vaiſſeaux de pierre, & on cite en preuve deux barques de cette efpèce, qu'on vit longtems auprès d'Ithaque, & dans l'Eubée ; mais ces barques étaient des monumens élevés dans le pays, & confacrés aux dieux, dont l'un perpétuait la mémoire du retour d'Ulyſſe, & l'autre celle des victoires navales d'Agamemnon. Malgré les monumens sacrés de la Grèce, & le prodige de Deucalion, on ne fait pas plus des vaisseaux que des hommes, avec des pierres de taille.

Les Phéniciens, maîtres du vent par leurs voiles, de la mer par leurs rames, & du ciel même par leur astronomie, ne s'en tinrent pas, pour leurs navigations audacieuses, à leur frêle monoxyle; ils imaginèrent un grand nombre de navires de différentes formes, que des Artistes étrangers perfectionnèrent, & dont ils se dirent ensuite les inventeurs. La vanité nationale fit croire à cette imposture, dans le pays même où elle naquit, & quand la rouille de l'antiquité l'eut consacrée une fois, il fallut bien l'adopter dans le reste du globe.

Un des plus célèbres de ces navires de nouvelle construction, est la trirème, dont la Grèce, jalouse de la gloire Phénicienne, fit honneur, tantôt à Denys de Syracufe (*a*) , tantôt au Corinthien Aminoclès (*b*). La trirème était un navire de courfe ; auffi tout le génie des Artiftes femblait s'être déployé à augmenter fa légéreté.

On avait formé, dans fa maffe, des vuides , féparés entr'eux par de grands intervalles , vuides qui , ménagés avec art , maintenaient l'équilibre du navire , & favorifaient la rapidité de fon fillage.

Il fallait que la trirème fût le plus léger des bâtimens connus, puifque celles qu'on employa dans la guerre du Péloponèfe, ne tiraient pas quatre pieds d'eau ; que , grace à leurs carènes plates, on les tranfportait avec des rouleaux par-deffus des Ifthmes , & que même avec un vent peu favorable , elles faifaient encore , par jour, un trajet de cinquante lieues.

On peut juger de cette étonnante légéreté des trirèmes, par un fait fingulier

______

(*a*) Diod. Sicul. *Hiftor. Univerf.* lib. 14.
(*b*) Thucydid. lib 1.

rapporté dans Diodore. » Des Palus
» Méotides, dit ce célèbre Hiftorien,
» de ces rivages infortunés, où les Scythes
» habitent au fein des glaces, il eft fou-
» vent venu, en dix jours à Rhodes, des
» navires de charge, pouffés par un vent
» favorable ; de ce port, on fe rendait à
» Alexandrie en quatre jours ; enfuite on
» remontait le Nil, & après un dernier
» trajet de dix jours, on arrivait en
» Ethyopie ; ainfi en moins de vingt-
» cinq jours de navigation, des Pilotes
» audacieux paffaient des régions voifines
» du Pole, à la Zone Torride (a) ".

Le mot de trirème femble défigner
un navire à trois rangs de rames ; il y
avait déja eu des birèmes à la guerre de
Troye ; dans la fuite, on fit des quadri-
rèmes, des quinquerèmes, des hexères,
des heptères, des octères, &c. ; pro-

(a) Diod. Sicul. *Hift. Univerf.* lib. 3, parag.
16.

greffion qui alla toujours en s'élevant, jufqu'au fameux teffaracontère ou quaran-
tirème de Philopator.

Mais fi les noms de ces navires dé-
notent la quantité des étages d'où manœuvraient les rameurs, il eft impoffible
à l'imagination de fe repréfenter le méchanifme feulement des quinquerèmes ;
auffi ce problême vingt fois examiné par
les Savans, n'a peut-être pas encore été
réfolu (*a*).

D'abord, il eft évident que la trirème
avait trois rangs de rameurs les uns fur

(*a*) Lifez, pour vous en convaincre, *De re
Navali veterum*, par Lazare Baïf ; *de Columna
Trajani*, par Fabretti ; l'*Antiquité expliquée*,
de Montfaucon ; l'*Art de Naviguer*, du P.
Defchales ; la *Differtation fur les trirèmes des
anciens*, par le P. Languedoc ; l'*Effai fur leur
Marine*, par M. Deflandes ; le tome 4 de l'*Hiftoire
Ancienne* de Rollin ; le *Dictionnaire Univerfel
de Mathématiques*, & celui de *Marine*, par M.
Saverien, & fur-tout la *Marine des anciens*,
par M. le Roy.

les autres ; les anciens nous ont tranſmis les noms qui les diſtinguaient : on appellait *Thalamites* , ceux qui manœuvraient dans la partie inférieure du navire ; *Thranites* , ceux qui occupaient l'étage le plus élevé , & *Zygites* , ceux qui ramaient dans la partie intermédiaire. on voit même, par le plus ſage des Hiſtoriens Grecs (*a*) , qu'on donnait une paie plus forte aux Thranites , à cauſe de la longueur & du poids des rames qu'ils faiſaient mouvoir. Enfin pour diſſiper, à cet égard, toute eſpèce de nuage, ce triple étage de rameurs eſt repréſenté dans les trirèmes des bas-reliefs de la colonne Trajane , & dans les tableaux d'Herculanum.

Mais de ce qu'on voyait trois étages de rameurs dans la trirème, en faudrait-il conclurre qu'il y en avait huit dans l'octère, & quarante dans le vaiſſeau de

----

(*a*) Thucydid. lib. 6.

Philopator ? Ce réfultat ferait bien étrange ; un navire à quarante étages de rameurs, fuppofe une élévation au moins de cent vingt pieds au-deffus du niveau de la mer, & comme la rame, pour agir avec liberté, doit avoir à fon centre un point d'appui, il s'enfuivrait que le rameur de l'étage le plus haut devrait manœuvrer avec une rame de deux cents quarante pieds ; ce qui eft phyfiquement impoffible, à moins qu'on n'adapte, à l'extrémité de chaque rame, une machine d'Archimède.

L'Ecrivain qui me paraît avoir le plus approché de la folution du problême, eft l'Auteur eftimable des *Ruines de la Grèce* (*a*). Voici fon opinion, qui, à plus d'un égard, fort de l'ordre des conjectures.

Les Grecs, dans l'enfance de leur na-

(*a*) Voyez *Marine des anciens peuples*, liv. 3, chap. 3.

vigation, désignèrent, par les noms qu'ils imposèrent à leurs navires, non la quantité des rangs de rames, mais seulement le nombre des rameurs ; alors la trirème n'avait que trois rames, & sa construction n'était pas plus merveilleuse que celle des pirogues des terres Australes.

Quand l'art se perfectionna, on imagina de mettre les rameurs par files ; alors la trirème eut trois rangs de rameurs ; c'est celle de la colonne Trajane & des monumens d'Herculanum.

On construisit dans la suite des navires d'une grandeur énorme , soit pour la guerre , soit simplement pour l'appareil ; alors la difficulté de faire mouvoir plus de trois rangs de rames les uns sur les autres, détermina les constructeurs à distribuer, dans un ordre nouveau, les rameurs ; on les rangea par gradins , & le nombre de rameurs qui occupaient chacun de ces gradins, fut désigné par le nom même du vaisseau ; ainsi l'octère eut huit rameurs sur chaque gradin , & on en comptait jufqu'à quarante dans le vaiffeau de Philopator.

Cette interprétation eft ingénieufe ; elle explique une foule de textes grecs & latins; & fi elle ne fe concilie pas avec tous les Hiftoriens , elle eft du moins d'accord avec l'idée que nous nous foi-mons du génie des anciens , avec la logi-que & avec la raifon.

Les radeaux , les monoxyles , & peut-être les trirèmes du monde primitif ne fervaient que pour un commerce pacifi-que ; on fut long-tems à imaginer que la furface mobile des ondes pût être un champ de bataille propre à s'entretuer. » Les combats de terre , dit un des » hommes les plus éloquens de ce fiècle, » préfentent , à la vérité , un fpectacle » terrible ; mais , du moins , le fol qui » porte les combattans ne menace point » de s'entrouvrir fous leurs pas; l'air qui » les environne n'eft pas leur ennemi , » & les laiffe diriger leurs mouvemens » à leur gré ; la terre entière leur eft

» ouverte pour échapper au danger. Dans
» les combats de mer, tout conspire à
» augmenter les périls, & à diminuer
» les reſſources. L'eau n'offre que des
» abymes, dont la ſurface, balancée par
» d'éternelles ſecouſſes, eſt toujours
» prête à s'ouvrir. L'air, agité par les
» vents, produit les orages, trompe les
» efforts de l'homme, & le précipite
» au-devant de la mort qu'il veut éviter.
» Le feu déploie ſur les eaux ſon activité
» terrible, entr'ouvre les vaiſſeaux, &
» réunit la double terreur d'un naufrage &
» d'un embraſement. La terre, ou reculée
» à une grande diſtance, refuſe ſon aſyle;
» ou ſi elle eſt près, ſa proximité même
» eſt dangereuſe, & le réfuge eſt ſouvent
» un écueil. L'homme iſolé, & ſéparé
» du monde entier, eſt reſſerré dans une
» priſon étroite, d'où il ne peut ſortir,
» tandis que la mort y entre de toutes
» parts. Mais parmi ces horreurs, il trouve
» quelque choſe de plus terrible pour lui;
» c'eſt l'homme, ſon ſemblable, qui

» armé du fer , & mêlant l'art à la fu-
» reur, l'approche, le joint, le combat,
» lutte contre lui fur ce vafte tombeau ,
» & unit les efforts de fa rage à celle
» de l'eau, des vents & du feu (a) «.

Les premiers navigateurs qui fe difpu-
tèrent l'empire de la mer , ne firent pas
ces réflexions, ou s'ils les firent, l'amour
de l'or l'emporta, chez eux , fur l'amour
de la vie, & voilà ce qu'on appelle courage , dans les fiècles dégénérés où on
s'éloigne de la nature.

Rome, qui, pendant cinq cents ans
ne fçut que détruire, épuifa fon génie à
perfectionner l'art terrible des combats
fur mer, & fes fuccès, en ce genre, fur-
pafsèrent fon attente. L'hiftoire de la
tactique navale de ces tems - là n'eft, en
effet , que le récit de fes triomphes &
de fes horribles découvertes.

Céfar faifait, avec des inftrumens de

(a) Œuvres de M. Thomas. *Eloge de du Guay-Trouin.*

fer recourbés , & attachés à de longues perches , tout le dégât que notre canon fait dans la mâture ennemie ; il coupait les cordages des vergues ; & en empêchant ainſi les manœuvres des voiles, il mettait un vaiſſeau hors d'état de ſe défendre (*a*).

C'eſt Rome qui imagina, ou du moins qui perfectionna la machine militaire , appellée éperon ; on donnait ce nom à un bec d'airain hériſſé de tridents, d'armes tranchantes & de faulx , qu'on plaçait à la proue de ſon vaiſſeau , & avec lequel on entr'ouvrait celui de ſon ennemi. Duellius remporta , avec de pareils épe-rons , une victoire navale contre Car-thage , & voilà l'origine de la colonne roſtrale qu'on lui fit ériger.

Un des plus terribles effets de l'in-duſtrie des Romains , dans la tactique navale , était l'abordage ; au commen-cement , ils allaient à l'aſſaut du navire ennemi, en ſe ſoutenant ſur des échelles

______

(*a*) Céſar , *de bello Gallico* , lib. 3.

de cordes ; dans la fuite, ils imaginèrent un pont-levis qui faifait la bafcule, & tombait fur le vaiffeau qu'ils voulaient aborder; enfin ils fe fervirent de mains de fer & de harpons pour accrocher les mâts, ou le corps même du bâtiment. D'un autre côté, il y avait des machines non moins meurtrières pour empêcher l'abordage ; lorfque l'induftrie Romaine avait triomphé de tous les obftacles, & que les deux navires étaient accrochés, le tillac du bâtiment ennemi devenait la fcène d'un affreux carnage; quelquefois, au milieu de la mêlée, le vaiffeau entr'ouvert, foit par le choc des éperons, foit par fa réfiftance, coulait à fond, & on voyait difparaître tout-à-coup les vainqueurs & les vaincus avec le champ de bataille.

Des pirates des côtes orientales du golphe Adriatique, rendirent quelque tems la fupériorité des Romains inutile dans l'art funefte de l'abordage : ils réuniffaient enfemble quatre Liburnes (c'eft le nom de leurs vaiſſeaux), & prêtant le flanc à l'ennemi, dès qu'ils ſe voyaient ſuſpendus à ſes éperons, ils s'élançaient ſur ſon tillac des quatre ponts de leurs liburnes, & le nombre ſuppléant à la valeur, ils maſſacraient ſans peine l'équipage (*a*). Les Romains, humiliés par les liburnes des pirates, finirent, comme c'était leur uſage, par les adopter.

C'eſt aux Grecs que le génie du mal doit la découverte du *Dauphin* & du *Corbeau;* on donnait ce nom à des maſſes d'airain ſuſpendues à une vergue; quand on approchait d'un navire ennemi, on les laiſſait tomber, ſur ſon tillac, de toute la hauteur de la vergue; ce poids énorme entr'ouvrait tout juſqu'au fond de cale, & quelquefois le navire lui-même en était fracaſſé (*b*).

Rome, au ſiége de Syracuſe, apprit

(*a*) Polyb. lib. 2.
(*b*) Thucyd. lib. 7, cap. 7.

l'uſage terrible du dauphin & du corbeau, ainſi que celui des pluies de feu
& des poutres enflammées lancées du
ſein des catapultes. Archimède avait
imaginé ces dernières machines pour
dérober ſa patrie au joug d'un maître,
& Rome, victorieuſe, les fit ſervir à
l'eſclavage du monde.

La dernière découverte où ſe déploya
le génie deſtructeur des Romains dans la
tactique navale, fut de placer des tours
à la pouppe & à la proue d'un navire;
des ſoldats, poſtés au haut de ces forte-
reſſes flottantes, foudroyaient, ſans
danger, l'ennemi de leurs traits, ou
écraſaient ſon vaiſſeau, en y lançant des
quartiers de rochers. C'eſt Agrippa qui
imagina ces tours, & la flotte de Marc-
Antoine en était hériſſée à la bataille
d'Actium.

Des tours, placées aux deux extré-
mités d'un navire, ſuppoſent, pour que
l'architecture générale garde ſon enſemble, une maſſe énorme de bâtiment; &

en effet, la vanité Grecque & Romaine se plut long - tems à faire d'un vaisseau, un palais ambulant où le Prince le plus voluptueux pût être logé avec magnificence.

Le premier vaisseau de ce genre, dont l'antiquité nous ait transmis la mémoire, est celui d'un Roi de Phénicie; il était partagé en un grand nombre d'appartemens somptueux, & décoré d'un jardin planté d'arbres fruitiers (*a*). Le Prince qui le montait, s'en servit pour aller à Tróye, étaler tout le faste d'un vainqueur de l'Océan, enrichi des dépouilles du monde.

En traverfant un intervalle de plufieurs fiècles, on trouve une galère de Denys de Syracufe, fi fpacieufe, qu'il y logeait avec fix mille perfonnes, lorfqu'il s'élevait quelqu'orage dans le Gouvernement (*b*).

______

(*a*) *Maxim. de Tyr* dans Lilio Giraldi.
(*b*) *Diod. Sicul.* lib. 1, cap. 4.

L'ingénieux Lucien nous a donné la description d'un navire confacré à Ifis, qui avait un peu plus de 200 pieds de long, au moins 50 de large, & à-peu-près autant de hauteur. Il ajoute (mais c'eft fans doute une hyperbole de Rhéteur) que fa charge était fi confidérable, qu'elle aurait pu nourrir, pendant un an, la ville d'Athènes (a).

Caligula, le frénétique Caligula, fit, par bifarrerie, ce que d'autres Souverains avaient fait par oftentation de grandeur. » Il fe plut , dit Suétone, à conftruire » des vaiffeaux entiers de cèdre, dont les » pouppes étaient enrichies de pierreries, » & les voiles teintes en diverfes cou- » leurs, avec des bains, des portiques , » des falles à manger d'une grande éten- » due ; & ce qui eft encore plus extraor- » dinaire, des jardins plantés de vignes » & d'arbres fruitiers ; ces navires reten-

______

(a) Lucien, *Dial. du Nav.*

» tiſſaient de concerts voluptueux, & il
» y paſſait les jours entiers en feſtins,
» lorſqu'il ſe promenait le long des côtes
» de la Campanie (a) «.

Les deux plus ſinguliers monumens
de l'antiquité en ce genre, ſont, à mon
gré, les galères d'Hyéron & de Philopator;
la première fut conſtruite ſur les plans
d'Archimède; c'était un édifice flottant
formé de trois étages; on y avait ménagé
des bains, une bibliothèque, un verger,
de vaſtes réſervoirs, & de ſuperbes
écuries pour loger un grand nombre
de chevaux (b).

(a) Suéton, *in vitâ Calig.* Je me ſuis ſervi
de l'eſtimable traduction de Henry Ophellot de
la Pauſe.

(b) Les Poëtes du tems célébrèrent à leur
manière, c'eſt-à-dire par des hyperboles, cette
galère d'Hyéron. Ils dirent que ſon mât de hune
touchait les aſtres, que ſans doute les Titans
avaient conſtruit cet édifice mobile pour eſcalader l'Olympe,

Le vaisseau de Philopator ne le cédait en rien à celui d'Hyéron ; il portait, à son centre, un palais de bois de cèdre & de cyprès, environné d'un magnifique péryſtile ; la longueur de ce navire était de 600 pieds, & ſa largeur de 85, & il fallait mille rameurs pour la faire mouvoir.

Tels ſont les faits qui nous reſtent ſur la marine des anciens, & d'après leſquels nous avons fait preſſentir la chaîne d'idées qui a pu les conduire à la perfectionner. Après cet apperçu général, revenons un

---

Sidera contingunt Carcheſia , nubila magna.
Anne gigantes.

. . . .

Hoc opus in ſuperos expoſuere Deos.

Voy. Athæn. *Deipnoſoph.* lib. 6.

Au reſte, il y a toujours un fonds de vérité caché ſous cette emphaſe ; il faut croire à la grandeur du vaiſſeau d'Hyéron, malgré les hyperboles des Poètes de Rome, comme nous croyons à la puiſſance de Louis XIV, malgré les prologues de Quinaut.

moment fur nos pas, & voyons comment
les Phéniciens ont fait fervir ce grand art
de la navigation, tantôt à éclairer une
partie du monde, tantôt à en faire la
conquête.

DES NAVIGATIONS PHÉNICIENNES.

Nous ne connaiſſons la marine des Phéniciens, que vers le tems de la fondation de Tyr & de Sidon. » Alors, dit » Trogue Pompée, ce peuple célèbre, » obligé, par un tremblement de terre, de » quitter ſa patrie, vint s'établir d'abord » dans les marécages de l'Aſſyrie, enſuite » ſur les côtes de la Méditerranée (a) «. C'eſt peut-être à cette dernière époque qu'une flotte des Phéniciens, que Sanchoniaton repréſente comme compoſée de petits navires & de radeaux, n'ayant

---

(a) *Phœnicibus . . . . qui terra motu vexati, relicto patrio ſolo, Aſſyriorum ſtagnum primò, mox mari proximum littus incoluerunt.* Voyez *Juſtin*, lib. 18.

pu tenir long - tems la haute mer, alla échouer contre le mont Caffios (*a*). Cette première navigation devait tenir à l'enfance de l'art, puifque la mémoire ne nous en eft parvenue, qu'avec celle d'un naufrage.

Il eft probable que ce mauvais fuccès ne découragea point les premiers navigateurs de la Phénicie; car on les voit, à une époque très - reculée, conftruire, fous le nom d'*Arco*, des vaiffeaux de guerre (*b*), & fous celui de *Gaulos*, des navires de tranfport (*c*). Ils mettaient des flottes en mer, lorfque notre Europe fauvage ne connaiffait pas encore l'ufage des radeaux.

On croit qu'avant la fondation de Sidon, les Phéniciens, dans leurs courfes maritimes, ne naviguaient que de jour. Lorf-

----

(*a*) Eusèb. *Prapar. Evang.* lib. 1.
(*b*) Bochart, *Chanaam*, lib. 1, cap. 39.
(*c*) Feftus, au mot *gaulus*, pag. 162.

que cette ville fut devenue l'entrepôt de leur vaste commerce, ils s'enhardirent, & Strabon dit positivement que les Sidoniens font les premiers qui aient osé franchir le sein des mers, sur la foi des étoiles (a).

Les premières navigations des Phéniciens furent sur la Méditerranée, & ils les exécutèrent, au rapport de l'Orient, sous les auspices de leur Hercule, qu'on croit le Mel-carth de Sanchoniaton.

Une fois apprivoisés avec cette mer, ils se répandirent dans les golphes d'Arabie & de Perse, entrèrent dans l'Océan, & cherchèrent des mondes nouveaux, pour les rendre tributaires de leur industrie.

Héritiers des connaissances du peuple primitif, ils les tranfmirent aux fauvages qu'ils venaient civilifer, & leur demandèrent leurs parfums ou leurs métaux, en échange de leurs lumières.

_____

(a) Strabon , *Géogr.* lib. 17.

Ils établirent une foule de colonies dans des plages défertes, que la nature femblait avoir oubliées, qui jouiffaient d'un ciel heureux & d'une végétation abondante, & à qui il ne manquait que des hommes.

Tant qu'ils dominèrent feuls fur les mers qu'ils avaient fubjuguées, ils ne cachèrent point le fuccès de leurs découvertes ; mais lorfque des Puiffances rivales commencèrent à s'en allarmer, ils enveloppèrent, des voiles du myftère, toutes leurs entreprifes maritimes ; alors la fituation de leurs colonies devint un fecret d'Etat ; & ce fecret, après tant de fiècles, ne faurait être pércé entièrement par l'Hiftoire.

Il nous refte cependant affez de faits pour conftater la gloire des navigateurs de la Phénicie.

Les Livres facrés des Hébreux atteftent qu'ils dominaient dans la mer Rouge, & qu'ils partaient du port d'Efiongaber, pour aller chercher, à Tarfis &

à Ophir , l'or néceſſaire pour leurs échanges.

Ils eurent des comptoirs au golphe Perſique ; c'eſt à eux qu'on doit les premières tentatives pour la pêche des perles.

Ils pénétrèrent dans la mer des Indes , & s'y emparèrent de l'Iſle de Taprobane.

La Méditerranée étant plus à leur portée que les autres mers, ils couvrirent ſon Archipel de leurs colonies.

L'Iſle de Chypre fut la première conquête de ce peuple actif & induſtrieux ; enſuite il ſe rendit maître des Sporades, des Cyclades , de l'Iſle de Crète, de la Sicile & de la Sardaigne ; Rhodes , ſi célèbre par ſon coloſſe & par ſon commerce, fut fondée par Cadmus, un des Héros Phéniciens dont on a le plus révéré la mémoire.

Parvenus au détroit de Gibraltar , les Phéniciens parcoururent l'Océan Atlantique , bâtirent Carthage ſur la côte d'Afrique , & vinrent jufqu'au fond de notre Europe , commercer avec les infulaires des Caſſitérides , dont les Anglais ont la fierté de vouloir defcendre.

La plus célèbre des navigations Phéniciennes, eſt celle qui fut exécutée fous les aufpices d'un Pharaon d'Egypte , nommé Nechao ; l'efcadre partit de la mer Rouge , entra dans la mer des Indes par le détroit de Babel-Mandel , doubla le cap de Bonne-Efpérance , fit le tour de l'Afrique, & après avoir traverfé le détroit de Gibraltar , rentra en Egypte par la Méditerranée : on employa trois ans à ce voyage (*a*).

Les richeſſes que les Phéniciens tiraient de tant de peuples que leur induſtrie avaient enchaînés à leur empire , étaient auſſi abondantes que variées. L'Arabie leur fourniſſait des parfums, l'Ethyopie de l'ébène & de l'yvoire ,

---

(*a*) Hérodote, *Melpomène*, ou lib. 4.

Carthage du fer , les Caffitérides de l'étain , l'Archipel de la Grèce des chevaux & des efclaves.

La veine la plus abondante de cette mine de richeffes, était l'argent en lingots que Tyr & Sidon tiraient des Pyrénées ; il y eut une époque où cette branche de commerce devint fi lucrative , que les Phéniciens , ne pouvant placer dans le corps de leurs navires cette quantité prodigieufe de lingots , fe virent obligés de les faire fondre une feconde fois , & de fubftituer les maffes qui provenaient de la fonte , aux plombs dont leurs ancres étaient chargées (a). Je doute que les fameux galions d'Efpagne aient jamais eu des retours auffi avantageux , depuis l'exploitation des mines du Potofi.

Le défaut de monumens nous empêche de fixer le tems, où les Phéniciens exécutèrent la plûpart de leurs grandes navi-

____

(a) Diod. Sicul. *Hiftor. Univerf.* lib. 5.

gations ; le peu de lumière qui nous reste en ce genre, est caché derrière un rideau, que la main du Philosophe, encore plus que celle de l'Historien, se permet d'entr'ouvrir.

On sait, par exemple, que Minos, Roi de Crète, réprima les pirateries des Phéniciens, qui dominaient dans les Isles de la mer Egée (a); mais on ne peut en conclurre autre chose, sinon qu'il y avait, avant Minos, des colonies Phéniciennes dans l'Archipel de la mer Egée.

Hérodote avait vu, dans une Isle de Thase, voisine de la Thrace, un temple consacré à l'Hercule Phénicien, cinq générations avant la naissance de l'Hercule Grec, fils d'Amphytrion (b); mais comme l'époque de la naissance des deux Hercules est encore un problême sur lequel l'imagination des Savans s'est en

____

(a) *Thucydid.* lib. 1.
(b) Herod. lib. 2.

vain exercée, il s'enfuit qu'il y a peu de fonds à faire fur le calcul ingénieux qui place la confécration du temple 233 ans avant la prife de Troye (*a*).

Il ferait encore plus abfurde de vouloir fixer l'époque des navigations Phéniciennes vers la Taprobane & les ifles Caffitérides. .

Le départ des flottes Tyriennes du port d'Efiongaber, pour faire le commerce dans le pays peu connu d'Ophir, a une datte un peu moins incertaine; on fait que cet évènement eft du règne de Salomon dans la Paleftine.

L'arrivée de quelques colonies Phéniciennes fur les côtes d'Afrique & dans quelques Ifles de la Grèce, fous les aufpices de Cadmus, peut encore être fixée par la chronologie; on connaît la généalogie de Cadmus; on fait que Tifamène,

----

(*a*) *Mémoires de l'Académie des Belles-Lettres*, tome 60, pag. 313.

le huitième Roi de sa famille , était un
des Généraux de l'armée d'Agamemnon,
& à compter trente-trois ans par génération , il s'ensuit que les colonies de
Cadmus se formèrent 264 ans avant la
prise de Troye.

Nous verrons encore qu'il est possible
de fixer la fondation de Carthage, malgré
l'erreur historique qu'a fait naître l'ana-
chronisme de Virgile.

Les Phéniciens, dans leurs navigations,
ne se bornèrent pas toujours, dit-on,
à l'échange philosophique des richesses
de la nature contre les lumières ; les
Grecs les accusèrent , plus d'une fois,
d'exercer, dans les contrées où leurs flottes
abordaient, les plus odieux brigandages.
Cependant il ne faudrait pas se presser
de dégrader un peuple , sur la foi d'un
autre qui aurait eu quelqu'intérêt à calomnier sa mémoire ; on peut en juger
par le roman imaginé à Athènes sur
l'enlèvement d'Io.

Les Phéniciens, disait-on dans la ville

de Socrate, defcendirent en commerçans dans le Péloponèfe, & en fortirent en pirates ; un jour que leur flotte croifait devant Argos, Io, fille du Roi Inachus, vint fur le bord du rivage, examiner les effets précieux que la cupidité Phénicienne y avait mis-en vente ; dans le tems qu'on traitait de part & d'autre, avec toutes les apparences de la bonne foi, tout-à-coup des foldats parurent, enlevèrent la Prin-ceffe, la portèrent fur un navire qui partait pour l'Egypte, & la livrèrent à Ofiris, pour être fa concubine ou fon efclave (*a*).

_____

(*a*) Voici une autre édition du Conte Grec, qu'on trouve rajeuni fous la plume riante de l'Auteur des Métamorphofes.

Suivant la nouvelle verfion, ce n'eft plus un pirate Phénicien, c'eft Jupiter lui - même qui obtient les faveurs d'Io. Le Dieu, pour fouftraire fa maitreffe aux recherches importunes de fa fem-me, la change en geniffe ; mais Junon, inftruite de la métamorphofe, envoie un taon, qui pique fans ceffe fa rivale. Io, toujours aimée de

Après le roman, il faut donner l'hiſtoire. Io était d'une complexion très-amoureuſe, & le chef de la flotte Phénicienne ſe trouvait un des plus beaux hommes de ſon ſiècle ; lorſque l'étranger parut dans Argos, la Princeſſe en devint épriſe ; bien-tôt ſes ſens s'égarèrent, & elle ſe livra au Phénicien, avec une confiance dont celui-ci abuſa pour la couvrir d'opprobre. Io, qui redoutait le reſſentiment de ſon père, pria alors ſon amant de la recevoir ſur ſon vaiſſeau, & tous deux firent voile pour l'Egypte (*a*). Voilà à

Jupiter, toujours ſous la forme de geniſſe, & toujours piquée par le taon, ſe jette dans la Méditerranée, traverſe cette mer toute entière à la nage, & arrive en Egypte, où elle redevient femme, épouſe Oſiris, & obtient l'immortalité.

Laquelle croire de la tradition conſacrée par Ovide, ou de celle qui eſt conſervée par Hérodote ? Ni l'une ni l'autre. Suſpendons ſeulement notre jugement ſur les faits, qui ſemblent accuſer les Phéniciens de brigandages.

(*a*) Herod. lib. 1 ; cet Ecrivain a eu la bonne

quoi fe réduit cet enlèvement fi célèbre ;
il peut fournir le fujet d'une Tragédie ,
dans le genre de Didon ou d'Ariane, mais
non un prétexte pour accufer une nation
entière de brigandage.

foi de nous donner l'hiftoire , à la fuite du
roman.

DE LA RELIGION DES PHÉNICIENS.

LA croyance en un Dieu rémunérateur & vengeur, est le culte de la raison qui commence, ainsi que celui de la raison qui se perfectionne. Les Phéniciens, dans l'origine de leur civilisation, furent donc Théistes, & dans la suite quand l'arbre de la superstition eut étendu ses racines dans l'Asie, ils purent être ramenés au Théisme par leurs Philosophes.

L'histoire des superstitions Phéniciennes n'est parvenue à nous que couverte de nuages, & il faut l'attribuer à la facilité qu'eut ce peuple de navigateurs d'incorporer à sa Religion toutes les mythologies.

Tâchons cependant de distinguer les dieux que la Phénicie donna au monde, de ceux qu'elle en reçut ; ces dieux primitifs tiennent plus qu'on ne penfe à l'Hiftoire des Hommes.

La première divinité d'origine Phénicienne , dont les annales de l'Orient faffent mention , eft Bel , Baal , ou plutôt Beelfamen , mot qui fignifie , en Syrien , le Souverain des cieux. Ce Beelfamen eft le Soleil , le fymbole le moins imparfait de l'Ordonnateur des mondes , depuis que le peuple a voulu fixer Dieu , & l'apprécier par fes fens encore plus que fon intelligence.

L'Afie avait auffi , comme nous l'avons vu , fon Souverain des cieux ; mais les traits qui caractérifent le Bel de Babylone , ne fe rapportent point avec ceux que la Phénicie a donnés à fon Belfamen.

Il fut un tems , difaient les Théologiens de la Chaldée , où les élémens confondus nageaient pêle mêle dans l'abyme du chaos ; il n'y avait alors d'organifé que les monftres , & ils obéiffaient à une Souveraine , nommée Omercah. Un jour le

dieu Bel fortant de l'inertie où il lan-
guiffait de toute éternité, s'avifa de couper
cette femme en deux, & de former, de
fes deux tronçons, le ciel & la terre ;
alors tous les monftres périrent.

Mais ce ciel & cette terre n'étaient qu'un
vafte défert ; à cette époque, ajoutent
les Arioftes facrés de la Chaldée, il vint
en fantaifie au même Bel de fe faire couper
la tête pour peupler le monde qu'il avait
créé. Les immortels, avec qui il vivait,
s'emprefsèrent à lui rendre ce fervice, &
la terre, détrempée du fang qui coulait
de fa bleffure, donna naiffance aux hommes (*a*) Ce fang, fuivant les mêmes
Sophiftes, était le principe de notre intelligence, & il leur paraiffait très-évident
que nous ne raifonnerions pas, fi le Souverain des cieux ne s'était fait couper la
tête.

La Phénicie n'avait point adopté toute

(*a*) Fragment de Bérofe dans le Syncelle.

cette abſurde cóſmogonie ; elle ſe contentait de croire qu'il y avait un Etre ſupérieur dont la providence vivifiait les mondes , & ſi elle le logeait dans le Soleil , c'eſt que la préſence de cet aſtre lui paraiſſait éclipſer tous les mondes lumineux du firmament.

Le culte du Souverain des cieux était commun à toutes les villes de la Phénicie; mais c'était à Béryte , ſur-tout , que les étrangers venaient en pélerinage, quoique ſes Prêtres fuſſent ſans charlataniſme & ſon temple ſans images (*a*).

Il y avait long-tems , ſans doute , que ce culte philoſophique avait dégénéré , lorſque les Hébreux rencontrèrent, dans un temple Phénicien de Beelſamen , 450 Prêtres qui ſe déchiraient avec des lancettes pour acquérir le droit de prophétiſer (*b*). Ce ſont ces mêmes Prêtres

---

(*a*) Lucian *de deâ Syrâ.*
(*b*) *Reges* , lib. 1 , cap. 18 , & lib. 2 , cap. 10.

qu'on accuse d'avoir offert des sacrifices humains, afin de détourner des inondations, ou de faire cesser des épidémies.

Il pourrait se faire aussi que le Beelsamen dont parle la Bible, fût une autre divinité que le Beelsamen primitif de la Phénicie, qui représentant l'astre bienfaisant par qui la nature est vivifiée, n'a pu naturellement voir couler sur son autel le sang de ses Prêtres, & celui de ses adorateurs. Ce mot de Beelsamen est un mot appellatif qu'on a pu donner indifféremment au père des mondes & à son tyran, comme nous donnons le nom de César à Néron & à Marc-Aurèle.

Au reste, le culte du Bel antropophage a dû se perpétuer jusques dans le dernier âge de la Phénicie; car c'est probablement d'elle que Carthage, sa colonie, tira un autre prétendu Souverain des cieux, appellé Saturne, dont la statue embrasée n'ouvrait ses bras que pour faire périr des enfans infortunés, destinés par la rage sacerdotale à être ses victimes.

Aſtarté ou la Lune, était, après Beelſamen, la première divinité de la Phénicie ; Sidon était le centre de ſon culte ;
on la peignait avec des cornes ſur la tête,
ſans doute, pour déſigner l'accroiſſement
de la planète qu'elle repréſentait, & ſon
décours.

Sanchoniaton parle de cette Aſtarté. Il
dit, en propres termes, que cette déeſſe,
*en parcourant la terre, trouva un aſtre
tombé du ciel, qu'elle le prit, & le con-
ſacra dans l'Iſle ſainte de Tyr* (a). Notre
Phyſique n'admet plus ces aſtres qui tom-
bent du ciel, & qu'on poſe dans des
villes pour y ſervir de monument. Bochart, qui ſentait l'abſurdité de ce texte,
propoſa de lire une *aigle*, au lieu d'un
aſtre (b) ; mais ce nouvel interprète, en
rencontrant le bon ſens, n'a ſûrement
pas rencontré le ſens de l'original.

(a) Euſeb. *Præpar. Evangel.* lib. 1, cap. 9.
(b) Bochart *Phaleg.* lib. 4.

Une preuve évidente que Bochart, en lifant Sanchoniaton, a eu tort de prendre une étoile pour un oifeau, c'eft l'inftitution de la fête Phénicienne pour célébrer l'apparition de l'aftre d'Aftarté ; on croyait qu'à certaines époques un globe lumineux defcendait du mont Liban, & fe plongeait dans la rivière d'Adonis (*a*). Les Grecs crurent auffi fort long - tems que le foleil fe couchait tous les foirs dans la Méditerranée ; mais contens d'adopter cette image pour embellir leur poéfie, ils ne s'avisèrent pas d'en faire un dogme théologique qui pût fervir d'aliment à la crédulité de la multitude.

De quelque manière qu'on interprète la chûte du globe lumineux d'Aftarté, il paraît toujours conftant que la Phénicie, dans fon fecond âge, n'eut d'autre Religion que le Sabifme, ou le culte des étoiles.

Dans la fuite, elle fit l'apothéofe de

***

(*a*) Suidas *Lexicon*, au mot *Aftarté*.

fes grands hommes, & alors la chaîne
de la fuperftition, qui commençait à
s'appefantir fur elle, acquit un nouvel
anneau.

Nous ne connaiffons point l'Apollon
de la Phénicie; ce dieu du fecond ordre
n'a pas le plus léger rapport avec l'amant
de Daphné, fi célèbre par les vers d'Ovide,
& par l'admirable ftatue du Belvédère; il eft
probable que c'était un navigateur qui avait
rendu les plus grands fervices à fa patrie.
Tyr regardait fa ftatue comme fon palla-
dium, & lorfqu'Alexandre parut devant
fes remparts, les citoyens eurent tellement
peur que ce dieu tutélaire ne les quittât,
qu'ils l'attachèrent, avec des chaînes d'or,
à fon piédeftal (a).

L'Hercule Phénicien eft un peu plus connu
que l'Apollon; on l'appellait, en Orient,
Mel-carth, ou *le Roi de la ville*. Ce Roi

(a) **Diod. Sicul.** lib. **17**, Plutarch. *in vitâ
Alexandri.*

de la ville était un célèbre marin de Tyr, qui trouva le secret de teindre en pourpre, & qui apporta le premier du plomb des Isles Cassitérides (*a*). Sa naissance ne remonte pas plus haut que la fondation de Tyr, où, peut-être, il a régné.

Ce Mel - carth n'a pas la plus légère conformité avec l'Hercule Oriental dont nous avons parlé dans l'Histoire du monde primitif.

On ne le voit point pourfendre les géans, lutter avec les monstres, & acheter, par ses exploits de paladin, sa gloire & son apothéose.

Les deux véritables Hercules passèrent une partie de leur vie à violer les femmes, ou à les séduire ; pour Mel - carth, il semble qu'il mourut vierge ; du moins aucune femme ne pouvait entrer dans son temple, & le célibataire seul pouvait prétendre à son sacerdoce.

____

(*a*) Plin. *Histor. Natur.* lib. 7.

Le dieu Phénicien , dont le culte a poussé les racines les plus profondes sur presque toute la surface du globe, est Adonis ; malheureusement comme chaque contrée qui lui a érigé des temples en a fait un dieu indigène , il est bien difficile de distinguer , au milieu d'un si grand nombre de tableaux , les copies , de l'original.

L'Egyptien qui , dans ses rêveries d'antiquité , faisait sortir , de la fange de ses marais , les loix , les héros & les dieux de l'Univers , disait hautement que l'Adonis Tyrien n'était autre chose que son Osiris ; il répéta même si souvent ce conte mythologique , que des peuples , jaloux de la grandeur Phénicienne , le crurent ; on voyait , en effet , à Amathonte, dans l'Isle de Chypre , un temple dédié à Adonosiris (*a*) ; c'était le triomphe de la vanité Egyptienne.

______

(*a*) Etienne de Byzance, *de urb. & pop.* au mot *Amathous.*

Les Prêtres de Memphis, pour en imposer encore davantage à leur profélytes, écrivaient toutes les années aux femmes de Byblos, que leur Adonis, qu'elles croyaient perdu, était retrouvé. La lettre fe renfermait, en grande cérémonie, dans un petit coffre recouvert de papyrus; on expofait le coffre à l'embouchure du Nil, & il arrivait de lui-même à Byblos, après un trajet de fept jours (a). Lucien, l'ennemi éternel de toute fuperftition, prétend avoir vu lui-même aborder la lettre flottante des Prêtres de Memphis; mais quand on voit ainfi voguer des coffres, il me femble qu'on n'a pas le droit de fe moquer de la crédulité des hommes.

S'il fallait s'en rapporter au témoignage de Plutarque, Adonis pourrait être un héros de l'Inde; car il le confond avec

____

(a) Lucien, *de deâ Syrâ*, Cyrill. *in Ifaïam*, cap. 18.

Bachus (*a*), quoiqu'il n'ait ni inventé le vin, ni fait des conquêtes.

On a été jufqu'à confondre l'Adonis de Phénicie avec le Thammuz des Zabiens, efpèce de Prophête, qui, pour avoir prêché le culte des conftellations du Zodiaque, fut mis à mort par un Roi, ennemi de la tolérance (*b*). L'Hiftorien de Thammuz prétend qu'à l'inftant de fon fupplice, les ftatues de toute la terre s'affemblèrent à Babylone dans le temple du Soleil, & qu'elles pafsèrent la nuit à pleurer leur Prophête.

L'Affyrie, de fon côté, revendiquait Adonis comme un de fes dieux indigènes (*c*). Suivant cette tradition, reçue dans une partie de l'Orient, il eut, pour père, Cyniras, le même qui vint fonder la ville de Paphos dans l'Ifle de Chypre;

(*a*) Plutarch. *Sympofiac.* lib. 4.

(*b*) Voyez le Livre du Rabbin Maimonide, qui a pour titre : *More Nevochim.*

(*c*) Appollod. *Biblioth.* lib. 3.

à peine forti du berceau, il annonça qu'il ferait le plus bel homme de fon fiècle. Vénus en devint amoureufe, avant qu'il pût répondre à fes défirs; & en attendant que fes fens & fon cœur puffent parler à la fois, elle eut l'indifcrétion de le faire élever par Proferpine; l'inftitutrice d'Adonis, ne manqua pas de devenir la rivale de Vénus, & la querelle des deux Déeffes ayant été portée au trône de Jupiter, il fut décidé que le fils de Cyniras ferait un tiers de l'année avec Vénus, un autre avec Proferpine, & le dernier dans la contrée du globe où il voudrait choifir fa demeure. Adonis, obéiffant à l'arrêt & à la pente de fon cœur, paffa les deux tiers de l'année avec Vénus; mais fon bonheur ne fut pas de longue durée. Diane, qui s'était flattée de le poff'éder les quatre derniers mois de l'année, fufcita un fanglier qui s'élança fur l'amant de Vénus, & le dévora.

Le Roman Oriental fur les amours d'Adonis, ne traverfa pas la Grèce fans

s'y altérer; on y croyait aſſez unánime-
ment qu'Adonis était le fruit d'un commerce inceſtueux de Myrha avec ſon
père Cyniras. Vénus, dit-on, le vit &
l'aima; pleine du feu qui l'embraſait,
elle quitta les boſquets de Paphos pour
le ſuivre au travers des forêts du Liban;
mais Mars, outré de cet abandon, ſe
métamorphoſa en ſanglier, ſuivit ſon
rival à la chaſſe, & le bleſſa d'un coup
mortel. Vénus chercha en vain à étancher
le ſang qui coulait de la bleſſure de ſon
amant; elle n'eut que la triſte conſolation
de voir naître, de ce fruit précieux, une
anemone. Cependant Adonis deſcendit
chez les ombres, inſpira à Proſerpine la
même flamme qu'à Vénus, & quand
cette dernière Déeſſe demanda au maître
de l'Olympe, le retour du fils de Cyniras
à la lumière, il fut obligé, pour accorder
les deux rivales, de décider qu'il ferait
alternativement ſix mois à Amathonte,
& ſix mois dans les Enfers. Ovide a ſuivi
ce dernier récit, parce qu'il ſe prêtait

davantage aux prestiges de ses Métamor-
phoses.

Quand l'histoire d'Adonis eut fait déraisonner long-tems les Poètes, elle fit
à leur tour déraisonner les Philosophes.
On imagina qu'Adonis désignait le Soleil,
& que le deuil de l'Orient, à sa mort,
& la joie que lui inspirait sa renaissance,
était l'emblême de la perte de l'astre de
la lumière & de son retour (a).

On a répondu aux Philosophes que
cette interprétation était absurde, parce
que le Soleil n'abandonne pas sensible-
ment les hommes en Orient, sur-tout
dans la Phénicie, centre du culte d'A-
donis ; que l'institution d'une pareille
fête ne pouvait avoir lieu que dans les
contrées voisines du Pole, où la nature
gémit, en effet, pendant six mois de
l'absence de l'astre de la lumière.

Alors est venu un moderne ingénieux,
qui, malgré le feu de son imagination,

____

(a) Macrob. *Saturnal*, lib. 1.

croyant que tout nous vient du Nord, a écrit gravement que le culte d'Adonis était originaire des contrées voisines du cercle Polaire (*a*) ; ce qui ne laisserait pas que d'être probable dans un chapitre des Voyages de Scarmentado ou de Gulliver.

Il est d'abord assez étrange qu'on suppose que le culte du Soleil soit né dans des climats où cet astre semble anéanti pendant six mois, qu'il s'y soit perdu, & qu'on ne l'ait plus retrouvé que dans des régions heureuses où ses feux générateurs vivifient en tout tems les hommes & la nature.

De plus, le Roman Oriental d'Adonis devait, dans un livre philosophique, être préféré au Roman Grec qui le défigure ; or, dans ce Roman Oriental, le partage d'Adonis entre Vénus & Proserpine, est très-inégal ; il reste les deux tiers de l'année avec la première, & ne consacre

______

(*a*) Lettres sur l'*Atlantide*, pag. 135, &c.

que quatre mois au service de la Reine des ombres. Que devient, sous ce point de vue, le systême de l'Apôtre du Nord? Ce que deviennent tous les systêmes ; une erreur brillante, qui ne laisse aucune trace dans la mémoire des hommes.

Le culte d'Adonis me semble celui de cette partie de la Providence qui veille à la génération des êtres.

Avec cette clef philosophique, le sanctuaire du Dieu s'ouvre à tous hommes qui veulent s'initier dans ses mystères.

Il est constant que le culte d'Adonis ne fut jamais séparé de celui de Vénus. Or, on sait que chez tous les peuples qui ont raisonné leur religion, Vénus désigna toujours cette pente d'un sexe vers un autre qui les porte à se reproduire.

Cythère, Amathonte & Paphos retentissaient du nom d'Adonis, & étaient consacrés à Vénus (a).

____

(a) Idylles de Théocrite.

On avait confacré à Vénus, dans Aphac, au pied du mont Liban, un temple, connu fous le nom du temple de la *Vénus d'Adonis* (a).

Celui de la même Déefle, à Byblos, était encore plus célèbre. On prétend que les femmes, qui à l'époque de la fête annuelle, deftinée à pleurer Adonis, ne coupaient point leurs cheveux, étaient obligées de s'y proftituer à des étrangers (b). On reconnaît, dans cette Vénus, la Mylitta de Babylone.

Toutes les circonftances du Roman des amours d'Adonis, fe concilient avec notre interprétation, qui, toute neuve qu'elle eft, n'en porte pas moins les caractères de l'évidence.

Vénus, dans la tradition Orientale, attend, pour jouir d'Adonis, que fon cœur & fes fens s'ouvrent à l'amour.

Les Hiftoriens difent pofitivement que

(a) Lucian, *de deâ Syrâ*.
(b) Lucian, *loc. citat*.

le fanglier qui s'élança fur le fils de Cyniras, le bleffa à l'organe généra-teur (*a*). Il y en a même qui ont cru que la mort de cet amant de Vénus, ne fignifiait que fon impuiffance.

Dans les fêtes d'Adonis, on portait toujours, en pompe, fon lit nuptial à côté de celui de Vénus (*b*).

Tout, en un mot dans ce culte que les deux tiers du globe avaient adopté, peint & rappelle la jouiffance.

Les quatre mois qu'Adonis, fuivant le récit primitif des Orientaux, paffe dans les enfers, défignent l'âge antérieur

---

(*a*) Toyez Théocrite, Hygin, &c.

(*b*) » Deux lits magnifiques font préparés, » fur l'un Vénus repofe, fur l'autre le bel Adonis. » Adonis touche à peine à fon dix - huitième » printems ; la flamme ne s'élance pas de fes »baifers, & le duvet de fon menton commence » à peine à l'ombrager ; réjouis-toi, Vénus, tu » vas jouir de ton amant «. Théocrit. *Idyll.* 15.

à la puberté, où l'ame s'ignore encore, & celui de la vieilleſſe où elle n'exiſte plus que par le frivole ſouvenir de ſes jouiſſances.

Le calcul du partage inégal d'Adonis entre Vénus & Proſerpine, s'accorde parfaitement avec l'hiſtoire phyſique de l'homme ; il eſt évident qu'en diviſant en deux la carrière de notre vie, nous en paſſons les deux tiers à jouir, & l'autre à attendre la jouiſſance, ou à la regretter.

Ce parallèle pourrait être pouſſé plus loin, mais il ſuffit à l'homme éclairé qui lit l'hiſtoire en Philoſophe.

Et ſi je me ſuis un peu étendu ſur le culte d'Adonis (*a*), c'eſt que le voyant

____

(*a*) L'homme de goût ſe plaindrait, avec raiſon, ſi nous terminions l'hiſtoire d'Adonis, ſans
lui rappeller la fameuſe Idylle de Bion ſur ſes
funérailles : en voici les plus beaux morceaux ;
j'emprunte les crayons du Traducteur de Pline,
qui n'a point défiguré ce chef-d'œuvre de l'antiquité.

propagé fur la plus grande partie du globe , j'ai cru devoir juftifier vingt

---

Réveille-toi , Vénus ; fors des bras du repos ,
Change en triftes cyprès les myrthes de Paphos ;
Tu n'as plus d'Adonis ; oui , pleure malheureufe ,
Annonce à l'Univers ta perte douloureufe.

. . . .

Un monftre de fon corps vient de fanner les lys ;
L'émail de fes beaux yeux , l'orgueil de fes fourcils ,
L'incarnat de fon teint , le corail de fa bouche ,
Tout meurt. . . . Vénus en vain le contemple & le
    touche ;
En vain d'ardens baifers elle couvre Adonis ;
Adonis, qui n'eft plus , n'en reffent plus le prix.
Pleurons tous Adonis : amours fondez en larmes ,
Adonis meurt percé , par de cruelles armes.
Sa bleffure à fon fang donne un rapide effor ;
Mais la tienne , ô Vénus , eft plus rapide encor ,
Sa meute autour de lui fait gémir les campagnes ;
Les Nymphes , en pleurant , defcendent des mon-
    tagnes.
Vénus erre fans guide , & les cheveux épars ,
Foule aux pieds les buiffons & les débris des dards,
De fa fombre douleur laiffe en tous lieux l'em-
    preinte ,
Et l'épine en tous lieux de fon beau fang eft teinte.

peuples du crime abſurde d'avoir conſacré des amours qui ne rappelleraient

---

Vénus, de cris aigus, fait retentir les airs,
Redemande Adonis, Adonis aux déſerts....
Déeſſe, ton amant ne voit plus la lumière ;
Tout ſon ſang répandu roule ſur la pouſſière :
Les ris n'habitent plus ſur ſes traits ombragés,
En amarante, hélas ! tous ſes lys ſont changés....
La pourpre de ſon ſang rougit les dons de Flore,
Et Vénus cependant, Vénus l'appelle encore....
>> Arrête, cher amant, me fuis-tu pour toujours ?
>> Perdrai-je l'exiſtence, en perdant mes amours ?
>> Reçoi du moins encōr ce baiſer plein de flamme,
>> Laiſſe-moi recueillir les reſtes de ton ame.
>> Revien, cher Adonis, & par un tendre effort,
>> Mêle encore un ſoupir à mon dernier tranſport :
>> La bouche ſur ta bouche, & l'œil ſur ta pau-
    pière,
>> Ton ame dans mon cœur volera toute entière.
>> Dans tes ſoupirs mourans, je confondrai mes
    feux ;
>> Je vivrai malheureuſe, & tu mourras heureux....
>> Mais, tu fuis, cher amant, dans le Royaume
    ſombre,
>> Mon bonheut & ta vie ont paſſé comme une
    ombre.

point au but primitif de la nature, &
déifié des êtres qui, concentrés en eux-

» Vénus est sans époux, Cupidon sans flambeau,
» Les graces, avec toi, s'approchent du tombeau....
Ainsi pleurait Vénus ; Vénus toute éplorée,
Dans les pleurs, dans le sang, nageait défespérée....
Transportons Adonis dans un lieu de repos,
Que ce lit serve encore à ses derniers pavots....
Epuisons les parfums de l'heureuse Arabie,
Baignons son corps sanglant dans des flots d'am-
    brosie.
Puisqu'Adonis n'est plus, parfums, périssez tous.
Dans la pourpre couché, je vois ce tendre époux ;
Les Ris pleurent en foule autour de sa blessure,
Les Amours défolés coupent leur chevelure :
L'un foule aux pieds ses traits, & de ses faibles
    doigts,
Sépare avec effort, & brise son carquois.
Celui-ci du Héros détache le cothurne,
Et cet autre en pleurant se penche sur son urne....
Pleurez, Graces, pleurez le fils de Cyniras,
Pleurez ses tendres feux & son cruel trépas.
Eh ! qui ne pleurerait ce mortel plein de charmes ?
Des yeux des parques même il arrache des larmes.
Mais l'inflexible Hécate est sourde à leurs regrets,
Adonis a touché le feuil de son palais ;

mêmes, n'auraient, par aucun talent &
par aucune vertu, mérité leur apothéofe.

Vénus efpère en vain qu'elle le lui renvoie,
Et l'Achéron jaloux ne lui rend point fa proie.

DES
PROGRÈS DE L'ESPRIT HUMAIN DANS LA PHÉNICIE.

Puisque le tems destructeur a dévoré tout ce qui nous reste des anciennes annales de la Phénicie ; suppléons au silence des Historiens , en rassemblant les monumens épars qui attestent le progrès de ses connaissances.

Nous avons vu les Phéniciens instruire les nations dans l'art de la marine, & épurer leur Religion par le culte emblématique d'Adonis ; mais ces instituteurs des hommes ont encore d'autres droits à leur reconnaissance.

Il paraît que la Phénicie a donné sa langue à une partie des contrées que ses navigateurs ont civilisées, & ses caractères au peuple de l'Europe, qui, par son génie & ſes lumières, a le plus étendu la ſphère de l'eſprit humain.

On parlait originairement Phénicien le long de la côte d'Afrique, qui borde notre Méditerranée, vers ces fameuſes colonnes d'Hercule, qui ſont la clef des deux mers, dans quelques Iſles de l'Archipel Grec, & même à Malthe, comme il eſt prouvé par les monumens hiſtoriques & par les médailles.

Un Savant, qui a beaucoup conjeĉturé en Hiſtoire & en Grammaire, a trouvé de l'analogie entre ce Phénicien & l'ancien Chinois, & il eſt également difficile de le contredire & de le croire ; mais il eſt du moins très-probable que la Taprobane & les Iſles de la mer des Indes, où les navigateurs de Tyr & de Sidon laiſsèrent des colonies, parlèrent long-tems la langue de leur métropole.

L'Egyptien même, malgré ſes rêveries orgueilleuſes ſur ſon antiquité, a pu tenir des Phéniciens ſes arts & ſa Grammaire ; du moins, il y a la plus grande affinité entre le Phénicien & le Cophte, qui paraît la langue primitive de l'Egypte (*a*), & avec laquelle le fameux Canon des Rois de la Thébaïde fut autrefois interprêté par Eratofthène.

Et qu'on ne dife pas, à la vue de cette fingulière analogie, que l'Egyptien eft la langue-mère, & que le Phénicien n'en eft que le dialecte : la pofition phyfique des deux Empires dépofe trop évidemment en faveur de l'antériorité de la Phénicie ; qu'on fonge que la mer dut abandonner le pied du mont Liban, un grand nombre de fiècles avant les marécages fœtides que le Nil inonde ; & que quand même par un renverfement des loix de l'hydroftatique, Tyr, Béryte, Byblos & Sidon fe-

______

(*a*) Voy. le *Pantheon Ægyptiacum* de Jablonski ; le Livre de l'Abbé Renaudot, qui a pour titre : *De Litur.* pag. cxiii, & fur-tout l'excellente Differtation de l'Abbé Barthelemy. *Mémoires de l'Académie des Belles - Lettres*, tome 57, pag. 387.

raient de la même époque que les villes bâties entre les canaux du Delta, il faudrait toujours reconnaître une prodigieufe antériorité de civilifation dans le Phénicien, qui avait une marine puiffante, lorfque l'Egyptien n'ofait encore traverfer fon fleuve fur des planches, revêtues de l'écorce du papyrus. Ce raifonnement eft de la plus grande force pour qui fait lire, fur les monumens phyfiques du globe, l'Hiftoire des Hommes. Affurément, fi le Phénicien donne la clef de l'Egyptien primitif, c'eft le peuple navigateur qui a donné fa langue aux conftructeurs des pyramides.

Les recherches des Savans nous ont démontré que prefque toutes les langues de l'Orient dérivent d'une langue-mère, qui n'a pu être que celle de la Phénicie; il eft certain du moins qu'on retrouve le génie du Phéni-Cophte dans le Syriaque, dans l'Arabe, dans l'Ethyópien, dans le Palmyréen, peut-être dans le Chaldéen, qu'on parlait à Babylone, & fûrement

dans

dans le Punique, qu'on parlait à Carthage.

Les Phéniciens, qui vinrent en Grèce avec Cadmus, y introduisirent, avec les arts & la raison naissante, l'écriture en caractères si supérieure aux Hyéroglyphes (a).

Je n'ose affirmer que le Grec lui-même soit un dialecte du Phénicien ; cependant on trouve dans le Phéni-Cophte un grand nombre de mots primordiaux qui tendraient à justifier cette espèce de paradoxe. Il est certain que ce n'est pas le hasard qui a fait appeller aux Phéniciens *Oph*, le *Serpent* que les Grecs nomment *Ophis*. L'*Orch* des environs du Liban, qui veut dire *ferment*, est sûrement la racine de l'*Orchos* d'Athènes. Le mot Phéni Cophte *het*, qu'on traduit par *cœur*, a dû produire l'*étor* de la Grèce, qui a la même acception (b) ; seulement

_____

(a) Herodot. lib. 2.

(b) Voyez-en une foule d'autres exemples dans la Differtation de l'Abbé Barthelemy, que j'ai

on voit que toutes les terminaifons dures
des mots Phéniciens font adoucies dans
la langue harmonieufe de Démofthène.

Quand on réfléchit fur l'influence que

---

déja citée. Ce Savant refpeċtable la termine
ainfi :

» Mon objet était de prouver :

» 1°. Que la langue Cophte eft effentiellement
» la même que l'Egyptienne.

» 2°. Que cette langue a les plus grands rap-
» ports avec la Phénicienne.

» 3°. Que la langue Grecque conferve encore
» un grand nombre de mots Egyptiens d'ori-
» gine. . . . .

» Plus on réfléchit fur la nature des langues,
» plus on eft perfuadé que la plûpart de celles
» que les Savans connaiffent , viennent d'une
» fource commune ; & cette fource, préfentée
» fous une autre image, eft comme une grande
» machine dont les parties détachées font épar-
» fes parmi différens peuples d'Afie d'Afrique
» & d'Europe , & comme avec le tems elles
» s'y font ufées , il fera quelquefois impoffible
» de les réunir à leur tout , ou même de les
» reconnaître. « *Mémoires de l'Académie des
Belles-Lettres* , tome 57 , pag. 423.

la langue Phénicienne a eue dans la com-
poſition de toutes les langues primitives,
on eſt tenté de la regarder comme la
langue-mère, d'où toutes les autres tirent
leur origine. Cependant il ne faudrait
pas ſe preſſer de prononcer dans une
queſtion ſi enveloppée de nuages ; en
qualité d'Hiſtorien , je dois les rai-
ſons pour & contre , je mettrai donc les
poids dans la balance , & le ſoin de peſer
ſera abandonné à mes Lecteurs.

Eſt-il poſſible , lorſque le globe dégradé
penche vers ſa décadence , de raſſembler
ſur ſes ruines les chaînons épars qui nous
conduiraient à la langue primordiale ?

Quand même la chaîne ſerait entière ,
le travail de vingt Varrons , pendant
vingt ſiècles , ſuffirait-il pour dépouiller
les langues connues , afin d'y reconnaître
le germe de la langue de la nature ?

Il y a des idiômes qui , par leur nature ,
ſemblent inacceſſibles à l'analyſe. Comment opérer ſur les ſons innombrables
de la langue muſicale des Chinois , ſur

les sifflemens des Caffres, sur les into-
nations gutturales des Samoïèdes & de
quelques peuples des terres Australes?

Quels travaux immenses ne faudrait-il
pas pour dépouiller même la langue la
plus connue? Examinons seulement le dialecte Français, qui tend journellement à
faire la conquête de l'Europe; songeons
qu'outre le Celtique, qui en fait la base,
les Marseillais y ont porté le Grec, &
les Généraux de Rome le Latin; que
l'Arabe y a pénétré par l'invasion des
Sarrasins, & le Teuton par la conquête
des Francs. Voilà donc cinq langues qu'il
faut étudier à fond avant d'en dépouiller
une, & ce travail seul équivaut à la com-
position d'une Encyclopédie.

Mais si par hasard une langue est entièrement perdue, comme l'idiôme des
insulaires d'Jambule, le Hanscrit de l'Inde
sous Brama, & ce Carthaginois, que
nous ne connaissons que par une scène
inexplicable du *Pœnulus* de Plaute, comment résoudrons - nous sans données le

grand problême de la langue primordiale ?

Le Phénicien eſt inconteſtablement une des plus anciennes langues du monde connu ; mais ne diſons pas que c'eſt la première ; & s'il exiſte une langue de la nature, il ne faut pas la chercher.

Par la même raiſon que les Phéniciens eurent une Grammaire, avant les plus anciens peuples de l'Europe, ils durent auſſi avoir une Philoſophie avant eux, & ici les faits s'accordent avec la dialectique.

L'Aſtronomie, ſuivant Strabon, fut cultivée par ce peuple induſtrieux, à une époque ſi antérieure aux calculs d'une Chronologie vulgaire, qu'il ſemble qu'elle ait pris chez lui ſon origine (*a*) ; nous avons vu l'uſage qu'en avaient fait ſes navigateurs pour conquérir ou éclairer une partie du globe.

Nous ignorons, faute de monumens, juſqu'où les Philoſophes de la Phénicie

______

(*a*) *Géograph.* lib. 16.

portèrent la Physique spéculative ; mais une preuve que cette branche féconde des connaiſſances & des erreurs humaines y fut cultivée par de vrais Sages, c'eſt que nous ſavons le nom de quelques Sophiſtes qui en abusèrent ; tel eſt en particulier ce Moſchus, qui enfeigna à Sidon la doctrine des atômes, pluſieurs ſiècles avant que les Leucippe & les Démocrite s'imaginaſſent l'avoir inventée dans Athènes (*a*).

Le plus grand Ecrivain dont la Phénicie s'honore, parce qu'il mania avec un égal ſuccès le compas de la Philoſophie, & les crayons de l'Hiſtoire, c'eſt Sanchoniaton; il naquit, ſuivant les uns, à Béryte, & ſuivant les autres, à Byblos; on le croit contemporain de Sémiramis.

Cet Ecrivain célèbre rédigea l'Hiſtoire de ſon pays, ainſi que ſa Coſmogonie,

______

(*a*) Poſidonius dans Strabon. *Géograph.* lib. 16.

fur les actes publics renfermés dans les temples , fur les Mémoires du Prêtre Hiérombal , & fur les Ecrits d'Hermès. Il fallait que cette Cofmogonie & cette Hiftoire euffent quelqu'authenticité, puifque les Hyérophantes Grecs en lifaient les premières lignes dans les myftères d'Ifis , & qu'elles valurent à leur Auteur le titre d'*Ami de la vérité* (*a*).

Il ne nous refte, des livres de Sanchoniaton , qu'un Fragment traduit en Grec par Philon de Byblos , qu'Eusèbe nous a confervé , & que nous avons tranfcrit, avec l'exactitude la plus fcrupuleufe , au commencement de cette Hiftoire des Hommes (*b*).

Ce Fragment, dont Eusèbe, Athénée, Suidas & le Philofophe Porphyre, ont

---

(*a*) Le mot de *Sanchoniaton* fignifie , en Phénicien, l'*ami de la vérité*. Ainfi le penfait Porphyre , compatriote de cet Ecrivain célèbre. Voyez Théodoret, *Thérapeut III.*

(*b*) *Partie ancienne ,* tome 2 , pag. 250.

reconnu l'authenticité, eft avec la Cofmogonie de Moïfe, le feul monument qui
nous refte fur le monde primitif ; car ,
malgré les Annius de Viterbe, & tous
les impofteurs de ce genre, nous n'avons
rien d'Orphée, d'Hermès & du premier
Zoroaftre.

On a répandu, le fiècle dernier, dans
le monde favant, qu'il y avait, dans la
Bibliothèque des Médicis, un fecond
Fragment de Sanchoniaton, qui pourrait
fervir à interpréter les textes obfcurs de
celui d'Eusèbe. Ce bruit a excité moins
de fenfation qu'on ne devait en attendre
d'un fiècle où la Philofophie n'était déja
plus à fon aurore ; & tandis qu'on par-
courait les mers, pour retrouver quelques
contes échappés à la plume licentieufe
de Pétrone, on négligeait de fuivre la
trace d'un monument qui pouvait nous
éclairer fur le génie & les mœurs des
inftituteurs des hommes.

Le Savant Peirefc fit venir , dans le
même tems, de l'Orient , un troifième

Fragment du fameux Hiftorien de Béryte ;
il était écrit en langue Araméenne, dialecte du Phénicien, & traitait des mœurs
& des coutumes de l'Egypte, & fur-tout
des myftères d'Hermès. Il fut envoyé
auffi-tôt à Rome, au Jéfuite Kircher,
pour l'interpréter, & celui-ci ne jugea
pas à propos d'en faire part à l'Europe (a) ;
ce qui eft d'autant plus étonnant, que
nous avons environ quinze volumes in-
folio de cet homme à paradoxes, qui n'a
ceffé d'écrire, qu'en ceffant de vivre (b).

J'aime à croire que dans ces nouveaux
Fragmens, on trouverait l'explication de
quelques textes de celui d'Eusèbe, qui

(a) *Obelifc. Pamphil.* pag. 110.

(b) Ce Jéfuite écrivait des in-folio, comme
nous écrivons des brochures ; il en a fait un
fur l'Arche de Noé, un autre fur la Tour de
Babel, & quatre fur un Obélifque d'Egypte ;
ces fix in-folio ne valent peut-être pas les fix
pages de Sanchoniaton, qu'il a oublié de tranf-
crire.

ne peuvent foutenir les regards de la critique: tels que l'Hiftoire des Betyles qui s'animent, la rencontre d'une étoile par Aftarté, & le réveil des êtres primitifs au fracas du tonnerre. Toutes ces fables Orientales, j'ofe le dire, font bien peu dans le génie d'un Ecrivain, qu'on appellait, par excellence, l'ami de la vérité.

Il paraît, par la lecture réfléchie du feul Fragment de Sanchoniaton qui nous refte, que ce grand homme n'adoptait point tous les préjugés de l'Orient fur cette foule de dieux fubalternes, dont la fuperftition facerdotale avait inondé la terre. Son opinion, ainfi que celle du célèbre Evhémère, était que tous ces Grands-Vifirs de l'Etre fuprême, furent originairement des Héros, dont les peuples reconnaiffans firent l'apothéofe; opinion qui donne du moins une bafe raifonnable aux anciennes Théogonies; car celle qui explique toutes ces folies religieufes par de froides allégories, renverfe la logique des faits, & dégrade la majefté de l'Hiftoire.

Il eft évident que le fiècle de Sanchoniaton était un fiècle de lumières pour les Phéniciens; & puifqu'on y cultivait la Philofophie, il faut bien que long-tems auparavant on y cultivât les arts d'agrémens. Les hommes ne fe laiffent jamais éclairer par la raifon, que lorfque leur imagination a épuifé tous les arts qui l'embelliffent. Platon & Ariftote font venus après les Sophocle & les Anacréon. Sénèque, Epictète & Marc-Aurèle font poftérieurs à Virgile & à Horace. Près de cent ans d'intervalle féparent l'Efprit des Loix, de Cinna, de Britannicus & des Provinciales.

Si l'on doutait que toutes les connaiffances qui étendent la raifon & tous les arts qui l'embelliffent euffent été du domaine des Phéniciens; il fuffirait de jetter les yeux fur leur fameufe Académie de Kiriath-Sepher, ville qui fut détruite par Othoniel, un des compagnons de

Jofué ; au refte , comme les faits parti-
culiers nous manquent , nous aurons le
courage de terminer ici le tableau des
progrès que l'efprit humain a faits chez
ce peuple inftituteur d'une partie du
globe.

INCERTITUDE

DES ANNALES PRIMITIVES

DE LA PHÉNICIE.

IL n'y a point de peuple dans l'antiquité, qui ait eu un plus grand nombre d'Hiftoriens que les Phéniciens, & il n'y en a point aufli dont il foit moins poffible d'écrire l'Hiftoire ; juftifions cette efpèce de paradoxe.

SANCHONIATON, comme nous venons de le voir, fut le Tite-Live & le Platon de fon pays, & il ne nous refte qu'un fragment de fa Cofmogonie.

MOSCHUS, le créateur de la Philofophie phantaftique des atômes, écrivit aufli une Hiftoire de Phénicie (a) : on ne nous en a pas confervé une feule phrafe.

(a) Jofephe , *Antiq. Judaïc.* lib. 1 , cap. 3.

THÉODOTE imita Moschus & Sanchoniaton, & les Grecs traduisirent son ouvrage (*a*); nous n'avons plus rien ni du texte original, ni de la version.

DIOS est cité comme un des Historiens dont la Phénicie s'honorait le plus, à cause de la critique impartiale avec laquelle il pesait les loix & les hommes (*b*); son nom seul a survécu à son ouvrage.

MÉNANDRE D'EPHÈSE travailla à une Histoire Universelle, & quand il en vint aux annales Phéniciennes, il se rendit à Tyr, dépouilla les archives de ses temples, & les traduisit en grec (*c*); son travail, à une liste près des Rois de Tyr, ne subsistait déja plus au commencement de l'Ere vulgaire.

THÉOPHILE D'ANTIOCHE. Il nous reste de lui un catalogue des Rois de Tyr,

---

(*a*) Tatian. *Orat. contr. Gent.* N°. 37.
(*b*) Joseph. *Contr. Appion.* lib 1.
(*c*) Joseph. *Antiq. Judaïc.* lib. 8 , cap. 5.

dont la Chronologie eſt preſque toujours en contradiction avec celle de Ménandre d'Ephèſe.

MÉNANDRE DE PERGAME, qu'il ne faut pas confondre avec Ménandre d'Ephèſe, traita différens points de l'Hiſtoire de Phénicie, & en particulier l'arrivée de Ménélas ſur les côtes de Tyr & de Sidon, au retour de la guerre de Troye; ce fait n'eſt connu que par la citation d'un Père de l'Egliſe (a).

HIROM, dont on a fait enſuite HYERONYME, ſe trouve encore au rang des Hiſtoriens de la Phénicie, dont nous regrettons la perte; il était plus à portée que perſonne de travailler ſur les mémoires originaux, puiſqu'il avait été établi Gouverneur de cette contrée par Antigone, un des ſucceſſeurs d'Alexandre (b).

(a) Clément d'Alexandrie, *Stromat.* lib. 1.
(b) Tertullian. *Apologet.* cap. 19.

Histiée, né à Milet, ne fut pas plus heureux qu'Hirom ; il s'était attaché particulièrement aux annales de Béryte, & on voit le premier livre de son Ouvrage cité dans Etienne de Byzance (*a*).

Philostrate est nommé par Josephe, comme ayant travaillé sur les annales de l'Inde & de la Phénicie (*b*) ; il ne faut pas confondre cet Ecrivain, dont on connaît à peine le nom, avec le Philostrate qui a fait un conte philosophique de la vie d'Apollonius de Tyane.

Asclépiade, né dans l'Isle de Chypre, fit l'Histoire de cette colonie Phénicienne & de sa métropole (*c*). Il assurait, dans son livre, contre toute vraisemblance, que l'usage de manger de la chair n'avait été introduit sur la terre que sous un Roi de Tyr, nommé Pygmalion.

(*a*) Steph. Byz. au mot *Beroutos*.
(*b*) *Antiq. Judaïc.* lib. 1, cap. 2.
(*c*) Porphyr. *de abstinent.* lib. 4.

Teucer de Cyzique, réduisit à cinq livres l'Hiſtoire complette des Phéniciens (*a*) ; ces cinq livres n'ont pas plus ſurnagé que les ouvrages de ſes prédéceſſeurs ſur le fleuve de l'Oubli.

On eſt obligé de recourir à ce qui nous reſte des Grecs pour ſuppléer à ce ſilence profond de l'Hiſtoire ; mais ces Grecs, qui n'exiſtèrent jamais que pour eux, ont dégradé les annales primitives de la Phénicie, pour rendre ſuſpeƈtes les preuves de ſon antique civiliſation, & pour faire oublier qu'elle a été le berceau des inſtituteurs des hommes.

Tantôt on nous dit qu'Agenor premier Roi de Phénicie, naquit du mariage du Dieu de la mer, avec la fille d'un Roi d'Egypte (*b*) : comme s'il exiſtait une Egypte, & ſur-tout une Egypte gouvernée par des Rois, à l'époque où les Phéniciens

---

(*a*) Suidas *Lexicon*, au mot *Teucros*.
(*b*) *Apollod.* lib. 2.

eſſayaient en ſilence , autour du Liban , une marine , avec laquelle ils devaient un jour découvrir & ſubjuguer des mondes.

Tantôt on veut que cet Agenor , père d'Europe ait laiſſé enlever ſa fille par Jupiter , métamorphoſé en taureau , & que le vaſte continent que nous habitons n'eût point de nom , avant le prodige de cet enlèvement.

Je ne parle point ici de Cadmus , fils d'Agenor , qui va en Grèce lutter avec des monſtres qui n'ont jamais exiſté , sème leurs dents en terre , & en voit germer des ſoldats qui s'entretuent ; tous ces contes ſont bons pour faire valoir le génie du Poète , ou l'imagination de l'enthouſiaſte de l'allégorie , mais il faut une autre baſe à l'Hiſtoire des Hommes.

Nous ne connaiſſons rien des premiers âges de la Phénicie , pas même les noms ſtériles des Rois qui l'ont gouvernée.

Dès que la lumière commence à naître dans la nuit profonde des annales Phéniciennes, nous voyons le pays partagé en une foule de petits Etats indépendans, quoique formant entr'eux une espèce de République fédérative; mais les Souverains de ces petits Etats n'ont rien fait de mémorable, & on difpute même en quel tems ils ont régné.

Arrien nomme un Erdyle, Roi de Byblos (*a*), & fans ce texte, on ignorerait que Byblos ait eu des Rois.

Elbafe, Roi de Béryte, n'eft connu que parce qu'il agréa la dédicace du grand Ouvrage de Sanchoniaton (*b*).

On a confervé les noms de trois Souverains d'Arad, qui font un Arbal, qui n'a rien fait (*c*), un Narbal, qui accompagna Xerxès dans fon expédition contre la Grèce (*d*), & un Géroftrate, qui fe reconnut vaffal d'Alexandre (*e*).

(*a*) *De expedit. Alexand.* lib. 2.
(*b*) Eusèb. *Prapar. Evangel.* lib. 1.
(*c*) Hérodote, lib. 7.
(*d*) Idem, *ibid.*
(*e*) Arrian. *de expeditione Alexand.* lib. 2.

Sidon & Tyr font les feules villes de la Phénicie dont l'Hiftoire, mêlée avec celle des grands peuples de l'Afie & de l'Europe, mérite d'occuper nos crayons.

FRAGMENS SUR L'HISTOIRE DES ROIS DE SIDON.

IL eſt permis au Savant oiſif, qui a réduit en art les conjectures de l'étymologie, de faire bâtir la ville dont l'hiſtoire nous occupe, par la Princeſſe SIDON, fille de Neptune. Au reſte, Sanchoniaton dit que cette Princeſſe Sidon aima les arts, & imagina le chant des odes (*a*); & ſi elle n'a pas élevé les murs d'une des métropoles de la Phénicie, elle a du moins mérité de la gouverner.

De la fondation de Sidon au règne de Xerxès en Perſe, il y a un grand vuide dans ſon Hiſtoire. A cette époque, on voit un TÉTRAMNESTE qui amène

---

(*a*) Eusèbe, *Prapar. Evangel.* lib. 1, cap. 9.

à Xerxès, une flotte compofée des plus beaux vaiffeaux qu'on eût encore vus fur la Méditerranée (*a*) Ces beaux vaiffeaux, qui n'avaient point à bord des Ariftide & des Miltiade, furent pris ou coulés à fond par les Amiraux de la Grèce, & il eft probable qu'il en revint très-peu à Sidon.

C'eft vers ce tems qu'on pourrait placer un STRATON I, dont la fin tragique nous a été tranfmife par un Père de l'Eglife (*b*). Ce Prince s'était ligué, avec l'Egypte, contre la Perfe, & fut vaincu. Prêt de tomber fous le pouvoir d'un ennemi irrité, il voulut prévenir, par une mort volontaire, l'ignominie de fon fupplice, mais les apprêts de fon fuicide l'intimidaient. Sa main tremblante n'ofait diriger vers fon cœur, la pointe fatale du fer dont elle était armée. L'époufe de ce Monarque, plus aguerrie contre la mort, arracha

---

(*a*) *Herodot.* lib. 7.
(*b*) Hyeronym. *Contr. Jovian.* lib. 1.

alors à Straton son poignard, l'en frappa, & ensuite se tua elle-même; nous ignorons le nom de cette héroïne, qui devait naître à Rome, plutôt que dans les murs de Sidon.

TENNE, qui probablement succéda à Straton, fut la cause & l'instrument des désastres de sa patrie (a). Ochus régnait en Perse, & pendant que ce tyran farouche s'abreuvait, dans son palais, du sang de tout ce qui avait le malheur de lui appartenir, l'imprudent Roi de Sidon crut qu'il était tems d'achever d'affranchir son pays du joug des Perses; il fit, comme son prédécesseur, une ligue offensive & défensive avec l'Egypte, alors gouvernée par Nectanebe; il fortifia son armée d'un corps de quatre mille Grecs, commandés par Mentor le Rhodien, & tranquille

____

(a) Les détails que nous allons donner sur le règne de Tenne, & sur le renversement de Sidon, sont tirés de Diodore de Sicile. *Hist. Univers.* lib. 16, parag. 16.

alors fur fa deftinée, il défia toutes les forces de l'Empire de Cyrus.

Au premier bruit des préparatifs de guerre du Roi de Sidon, les Satrapes de Syrie & de Cilicie entrèrent avec une armée dans fes états ; mais les Phéniciens les battirent, & cette victoire affermit leur indépendance.

Tenne, d'autant plus vain dans fes fuccès, qu'il était moins en état de les foutenir, non content d'avoir humilié Ochus, par la défaite de fes Satrapes, irrita encore perfonnellement ce Prince en ravageant un jardin délicieux qu'il avait dans la Phénicie. Ochus était un tyran, mais il n'était pas lâche ; accoutumé à voir, dans fon palais, des fcènes de carnage, il ne craignait pas de voir répandre le fang fur les champs de bataille ; ainfi fa férocité lui tenait lieu de bravoure ; il entra lui-même dans la Phénicie à la tête d'une armée de trois cents mille hommes, & jura d'expier, par le renverſement de Sidon, le crime d'avoir ravagé ſon jardin.

Les Sidoniens, à l'approche des Perſes, mirent le feu à leurs propres vaiſſeaux, afin de ſe mettre dans la néceſſité de vaincre ou de mourir ; mais les Grecs, qui leur ſervaient de troupes auxiliaires, n'avaient qu'un faible intérêt à vaincre, & n'en avaient point à mourir. Mentor, qui les commandait, envoya donc ſe-crètement un de ſes amis, nommé Theſſalion, à Ochus, pour lui propoſer de lui livrer Sidon, s'il voulait mettre un prix à un pareil ſervice. Le Roi de Perſe, charmé d'exécuter, ſans danger, ſes pro-jets de vengeance, promit tout, pourvu qu'on le rendît maître de Tenne & de ſa capitale. L'Agent de Mentor, qui ſavait apprécier la parole d'un Deſpote, propoſa alors à Ochus de lui toucher la main : cérémonie qui, chez les Perſes, était un gage ſacré de la foi des engagemens ; mais la propoſition de Theſſalion fut ſur le point d'anéantir le traité ; le farouche Monarque, irrité qu'on se défiât de sa parole, fit saisir le Grec audacieux par ses gardes, & ordonna de lui trancher la tête ; cependant un moment après, réfléchissant sur les offres de Mentor, & préférant, au supplice d'un Grec, la mort de Tenne, & de cent mille de ses sujets, il fit délier Thessalion, mit sa main dans la sienne, & le renvoya, chargé de présens, à Sidon.

Pendant que Mentor tramait ainsi, en silence, la perte de la ville qu'il s'était chargé de défendre, Tenne, bien plus coupable encore, parce qu'en qualité de Roi, il devait répondre du salut de ses peuples sur sa tête, méditait, de son côté, d'ouvrir, à Ochus, les portes de Sidon. Quand son affreux complot eut long-tems mûri dans sa tête, il s'en ouvrit à Mentor, & se concerta avec lui pour l'exécuter.

L'heure fatale n'arriva que trop tôt. Les Sidoniens étaient dans l'usage de tenir, hors de leurs remparts, les assem-

blées où ils élifaient leurs Magiftrats.
Tenne prit avec lui cent des citoyens les
plus diftingués par leur naiffance, les fit
efcorter, fous prétexte de veiller à leur
sûreté, par cinq cents foldats, complices
de fa perfidie, & les livra lui-même au
Roi de Perfe; les deux monftres s'em-
brafsèrent, & à l'inftant, fur un fignal,
donné par Ochus, on enveloppa les cent
Sidoniens, & on les tua à coups de
flèches.

Le bruit de la fcélératefse de Tenne
parvint bien-tôt jufques dans Sidon. Les
habitans, allarmés fur le fort de leurs
concitoyens, en députèrent cinq cents
autres des plus qualifiés, la branche
d'olivier à la main, & en habits de
fupplians, pour fléchir Ochus, & l'empêcher d'abufer de l'affreux droit de la
guerre. Le tyran, à leur approche, fe
tourna vers Tenne, & lui demanda s'il
était sûr de lui livrer ainfi tous les citoyens de fa capitale; le traître s'y engagea par ferment; alors Ochus, n'écou-

tant que sa rage, fit encore massacrer, par ses soldats, les cinq cents Sidoniens qui étaient à ses genoux, & partit à l'instant, à la tête de son armée, pour donner un assaut à la place.

Il n'y eut point de sang répandu dans cet assaut ; Mentor, qui attendait les Perses, leur ouvrit une porte, dont on lui avait confié la garde, & Ochus entra en vainqueur dans Sidon.

Quand les malheureux Phéniciens virent l'ennemi sur leurs remparts, incapables de lui opposer la moindre résistance, & n'ayant plus que le courage du désespoir, ils s'enfermèrent avec leurs femmes, leurs enfans & leurs esclaves, dans leurs maisons, & y mirent le feu ; on croit que quarante mille hommes périrent dans cet incendie. Ochus regretta de n'avoir pas été témoin de la lente & douloureuse agonie de tant de victimes qu'il avait dévouées au supplice.

Tenne assista au renversement entier

de Sidon; enfuite il vint trouver Ochus
dans fa tente.

TENNE.

Enfin, grace à mon heureufe perfidie,
mon pays entier a paffé fous ton pouvoir.

OCHUS.

Il eft vrai que je règne fur des dé-
ferts .... que j'ai faits.

TENNE.

Qu'exiges-tu encore de ton efclave ?

OCHUS.

Sa tête.

TENNE.

Quoi! moi qui t'ai fait Roi de Sidon !

OCHUS.

Qui te l'avait ordonné ? . . . N'es-tu
pas venu toi-même m'offrir de livrer à
mes foldats, la ville que tu avais fait
ferment de défendre ? Tu as trahi ton

peuple, tu me trahirais à mon tour ; il ne faut pas que la race des monftres tels que toi fe perpétue. Je n'ai plus befoin de tes crimes, & tu vas mourir.

Alors Ochus, jufte pour la première fois, fit approcher un de fes Satellites, qui faifit le perfide Tenne, & d'un coup de cimeterre, fit voler fa tête.

Sidon ne fut pas long-tems à fe relever de ce défaftre. A peine Ochus eut-il pris le chemin de fes Etats, que les reftes de fes citoyens infortunés fe réunirent fous la conduite de STRATON II, Prince du fang de leurs Rois, & rétablirent leurs remparts. Ce Prince ne fit aucun ombrage aux fuccefleurs d'Ochus ; l'Hiftoire nous le repréfente comme une efpèce de Sardanapale, dont rien ne troublait l'indolente férénité, pourvu qu'on le laifsât régner fur fon Serrail ; il inftitua des fêtes publiques où les femmes avaient le droit d'étaler leurs talens & leurs charmes, & celles qui annonçaient le plus de pente à la volupté, paffaient à l'inftant au rang

de ſes concubines (*a*). Alexandre, vainqueur du dernier Darius, ſe préſenta
devant Sidon, lorſque ce Prince effé-
miné la gouvernait encore, & le détrôna.
Straton, errant en Aſie, périt dans la
ſuite d'une mort violente (*b*); mais on
en ignore également le motif & les
détails.

Alexandre ne détrônait d'ordinaire les
Rois que pour en faire d'autres. Ce conquérant, maître de Sidon, permit à
Epheſtion de mettre ſur le Trône celui
des citoyens qu'il en jugerait le plus
digne. Le favori du Héros, égoïſte
comme tous les favoris des Rois, jugea
que deux frères, chez qui il logeait, &
qui lui avaient fait l'accueil le plus obli-
geant, étaient les ſeuls Sidoniens dignes
de régner, & il les nomma. Heureuſe-
ment, pour la mémoire d'Alexandre,

(*a*) Théopompe dans Athénée. *Deipnoſoph.*
lib. 12.

(*b*) Ælian. *Hiſt. var.* lib. 7, cap. 2.

ces deux frères fe trouvèrent de grands hommes; ils repréfentèrent que fuivant leurs loix, il fallait être du fang royal pour les gouverner, & ils refusèrent la couronne. Epheftion, étonné de trouver parmi des barbares, une vertu à laquelle lui-même ne pouvait atteindre, déféra aux deux frères le droit de nommer un fuccefleur à Straton, & ceux-ci lui défignèrent un Abdolonyme, defcendu de la tige royale, mais réduit à une indigence fi profonde, qu'il était obligé de cultiver de fes mains, pour un modique falaire, un jardin qui ne lui appartenait pas (a).

(a) *Ob inopiam fuburbanum hortum exiguâ colentem ftipe,* dit Quinte-Curce, *lib.* 4, *cap.* 1. L'Hiftoire fingulière de cet avènement d'Abdolonyme eft rapportée, avec les mêmés détails, par Trogue Pompée, par Plutarque & par Diodore. Voyez *Juftin,* lib. 11, Plutarch. *de fortuna Alexandri* & *Diod. Sicul.* lib. 17; mais le dernier met la fcène dans Tyr, & en cela, il diffère de tous les monumens de l'antiquité.

Epheftion & fes hôtes fe rendent auprès
d'Abdolonyme , le trouvent arrachant de
fes plates-bandes , des herbes parafites ,
& le faluent en qualité de Roi de Sidon.
Le Roi Jardinier crut d'abord qu'on fe
jouait de lui , & fit fentir qu'on devait
quelque refpect à fa vertueufe pauvreté ;
mais les acclamations du peuple le défa-
busèrent bientôt , il fe laiffa ceindre du
diadême ,& parut devant Alexandre.

Abdolonyme avait un air de dignité
répandu fur toute fa perfonne , que la
vie pénible de l'indigence , n'avait pu
effacer ; le conquérant en fut frappé : *Tu
ne déments point , lui dit-il , le fang dont
tu es forti ; mais comment as - tu fupporté
le fardeau de ta longue misère ? Puiffai-je ,*
répartit Abdolonyme, *fupporter de même le
fardeau de la grandeur dont tu m'as revêtu !*
Cette réponfe donna à Alexandre une
haute idée de la vertu de ce Sidonien , &
il confirma le choix des amis d'Epheftion.

Abdolonyme , malgré fes titres & fon
diadême , ne fut cependant que l'efclave

couronné du Héros qui l'avait tiré de la
pouffière ; il paraît le dernier Sidonien
qui régna dans Sidon, & à fa mort, cette
feconde métropole de la Phénicie devint
une province de la Macédoine.

DES ROIS DE TYR.

Les plus anciens Rois Phéniciens, dont l'Histoire nous ait transmis les noms, sont ceux de Tyr; il en est même qu'on pourrait croire antérieurs à Bélus, si l'on écoutait moins la raison, que les calculs d'une vaine chronologie.

Je ne puis croire que la Phénicie ait eu des Rois avant la Chaldée; il s'en faut bien que le sol de Tyr, de Béryte & de Sidon vaille, pour la fertilité, les plaines fortunées qu'arrosent le Tygre & l'Euphrate. L'art maritime même que les Phéniciens paraissent avoir créé, ne démontrerait pas qu'ils ont été rassemblés en corps de nation avant les habitans de Ninive & de Babylone; il est certain qu'on cultive la terre avant de songer à couvrir l'Océan de ses vaisseaux; on bâtit sa maison sur le champ fertilisé par ses pères avant d'aller chercher une patrie au travers de mers orageuses, & sous un ciel qu'on ne connaît pas.

Mais dès qu'une fois une ville telle que Tyr est fondée, il faut qu'elle domine ou qu'elle tombe. L'industrie qui rampe chez un peuple agricole, prend des ailes chez un peuple navigateur ; aussi les Tyriens ne tardèrent-ils pas à se former un Empire étendu, fondé sur les besoins des étrangers, & sur leur ignorance ; ils sçurent imposer un tribut volontaire à la vanité des nations avec lesquelles ils commerçaient ; & devenus bien-tôt les facteurs du monde connu, ils acquirent, en deux siècles, une opulence & une célébrité que Rome n'obtint que par sept cents ans de vertus & de victoires.

Observons encore, en l'honneur de la mémoire des Tyriens, que leur célébrité ne fut point achetée au prix des larmes & du sang des hommes ; ils ne se montrèrent aux étrangers que pour resserrer, par un commerce utile, les liens de la société univerſelle. Maîtres des mers, que leurs navigateurs avaient appris à dompter, ils ne s'y firent point craindre par leurs brigandages, & tandis que les conquérans de l'Aſſyrie & de la Perſe, faits pour détruire, changeaient en déſerts les villes les plus floriſſantes, Tyr, faite pour conſoler la terre, bâtiſſait des villes au ſein même des déſerts.

Ces Tyriens, condamnés par la nature à n'habiter qu'un terrein ſtérile, tirèrent parti de ſa ſtérilité même pour étendre la carrière des arts ; ils s'adonnèrent à la pêche, & le Murex de leurs côtes leur donna la pourpre (*a*) ; ils n'avaient au-

____

(*a*) C'eſt au haſard cependant que Tyr dut une ſi magnifique découverte ; on prétend qu'un chien ayant dévoré pluſieurs de ces coquillages ſur le bord de la mer, parut la gueule colorée du rouge le plus vif & le plus beau, ce qui donna aux Artiſtes l'idée d'employer ce ſuc précieux dans la teinture ; nous n'avons plus le Murex, mais nous l'avons remplacé par la cochenille.

tour d'eux que des fables arides, & ce fable leur fit trouver le fecret du verre.

Quand je parle ainfi de tout ce que Tyr a fait pour fa gloire & pour le bonheur des hommes, ce n'eft que la ville de ce nom, bâtie dans une ifle, que j'ai en vue; on fait qu'il y avait une autre Tyr bien plus ancienne, conftruite dans le continent, & diftinguée par le nom de Paletyr ; mais cette Paletyr n'a laiffé aucune trace de fa grandeur, & on ne peut établir fon hiftoire que fur des conjectures.

Par exemple, il n'eft que probable que les fix Rois Phéniciens, de la dynaftie des Pafteurs qui régnèrent en Egypte, venaient de Paletyr. Au refte, ce fait, inconnu à tous les Rédacteurs d'Hiftoires Univerfelles, eft tiré de Manethon, dont le texte précieux mérite d'être confervé dans toute fon intégrité (*a*).

____

(*a*) Voyez ce Fragment de Manethon dans Jofephe. *Contr. Appion.* lib. 1.

» Nous avons eu, dit cet ancien Hif-
» torien de l'Egypte, un Roi, nommé
» Timaos : Dieu, fous fon règne, s'irrita
» de nos défordres. Il fufcita contre nous
» des barbares venus de l'Orient (*a*),
» méprifables, fans doute, mais pleins
» de courage & d'audace, qui fubju-
» guèrent notre pays, prefque fans com-
» bat, brûlèrent les villes, renversèrent
» les temples, égorgèrent une partie de
» nos concitoyens, & punirent les autres
» en réduifant leurs femmes & leurs en-
» fans en captivité.

» Ces barbares, dans la fuite, fe choi-
» firent un Roi, nommé Salath, qui,
» après avoir rendu tributaires la haute & la
» baffe Egypte, établit fa réfidence dans
» Memphis. Ce Prince conftruifit un
» grand nombre de citadelles fur les

(*a*) Jules-Africain & Eusèbe entendent par-là
les Phéniciens ; le premier les place dans la quinzième, & le fecond dans la dix - feptième
dynaftie des Pharaons.

» frontières de ses Etats ; il fortifia , sur-
» tout, le côté oriental pour le mettre
» à l'abri de l'invasion des Assyriens,
» qui , à cette époque , dominaient dans
» l'Asie. C'est à lui encore qu'on doit la
» reconstruction d'une ville antique ,
» connue dans la langue sacrée des Prê-
» tres , sous le nom d'Avaris. Salath ,
» charmé de l'heureuse position de ses
» ruines, la fit rebâtir par ses Architectes,
» l'environna de fortes murailles, & y
» établit une garnison de deux cents qua-
» rante mille hommes. Ce Monarque
» mourut après un règne de dix - neuf
» ans.

» Beon, successeur de Salath, conserva
» quarante-quatre ans sa Couronne.

» Apachnas, qui vint après Beon, eut
» un règne de trente-six ans & sept mois ;
» Apophis , Janias & Assis le rempla-
» cèrent successivement ; le règne du pre-
» mier fut de soixante-un ans ; celui du
» second d'un peu plus d'un demi-siècle ,
» & celui du dernier d'un peu plus de

» quarante-neuf ans. Les six Princes de
» cette dynastie eurent toujours les armes
» à la main, parce qu'ils se flattaient de
» réduire la Monarchie entière de l'Egypte
» sous leur obéissance «.

Il n'y a dans ce Fragment de Manethon,
que deux traits qui blessent l'œil sévère
d'un Philosophe ; l'un est le mot de *mé-prisable*, donné à un peuple conquérant
qui a pu exciter la haine, mais jamais le
mépris ; l'autre est cette garnison de deux
cents quarante mille hommes, placée
dans une ville qui n'a joué aucun rôle
dans la Monarchie des Pharaons ; mais
ce n'est que dans une Histoire de l'Egypte
qu'il nous convient de peser la personne
de Manethon, & ses ouvrages.

Paletyr fut, dans la suite, éclipsée par
Tyr, qui hérita de sa population, de ses
arts & de son commerce, & c'est de cette
époque qu'on peut se flatter d'avoir une
histoire suivie des Rois de Phénicie.

Le premier Roi de Tyr, dont parle
l'Histoire, (je ne dis pas le premier qui

y ait régné) eſt Abibal (*a*) ; on ne ſait rien de lui, ſi ce n'eſt qu'il a été ſur le Trône 38 ans.

Hiram ; il n'eſt point prouvé qu'il ait ſuccédé à Abibal. Ce Prince était contemporain & ami de Salomon ; il fit couper des cèdres du Liban pour la conſtruction du temple de Jéruſalem, & ſon nom eſt cité, avec reſpect, dans les annales des Hébreux.

Nous ne diſſimulerons cependant pas qu'il n'y ait, dans l'Hiſtoite d'Hiram, des anecdotes qui paraiſſent ſuſpectes à la raiſon éclairée du 18ᵉ ſiècle ; tels ſont ces quatre-vingt mille Artiſtes qu'il fait

---

(*a*) Cette Hiſtoire des Rois de Tyr, eſt tirée du Catalogue de Ménandre d'Ephèſe, que Joſephe nous a tranſmis. *Contr. Appion.* lib. 1 ; de l'Ouvrage inſéré dans l'Euſèbe de Scaliger, qui a pour titre : *Excerpta Græca*, pag. 401 ; de Théophile d'Antioche, lib. 3 ; du P. Petau, *ratiocin. tempor.* lib. 2, & de Bochart, *Géogr. ſacr.* lib. 1, cap. 3.

partir de Tyr pour aller bâtir le temple des Hébreux (*a*); tel eſt ce préſent de vingt villes de la Galilée fait par Salomon, & que le Monarque Tyrien refuſe, parce qu'il ne s'attendait pas, dit-on, à une ſi faible reconnaiſſance (*b*).

Le Roi Phénicien ſe piquait, dans ſa correſpondance avec le Souverain de la Paleſtine, de ce bel eſprit qui a preſque toujours tenu lieu de génie aux Orientaux; il lui envoyait des énigmes, & il expliquait les ſiennes; l'Œdipe de Tyr était preſque toujours vaincu par Salomon.

Hiram, malgré les quatre-vingt mille Artiſtes qu'il envoya à Jéruſalem, en trouva encore aſſez dans ſa capitale, pour y ériger des monumens; on cite, en ce genre, deux temples magnifiques à Aſtarté & à Hercule, & ſur-tout une chauſſée

____

(*a*) Euſeb. *Præpar. Evangel.* lib. 9.
(*b*) Joſeph. *Antiq. Judaïc.* lib. 8.

qui réunifloit Tyr à une Ifle voifine, célèbre par un temple érigé à Jupiter Olympien.

Ce Prince régna, fuivant les uns, 7 ans, & fuivant les autres, 54; ce qui eft un peu plus probable, vu la fécondité des évènemens de fon règne; on croit que fa fille fut une des fept cents femmes de Salomon.

BALÉAZAR fuccéda à fon père au Trône de Tyr, & dormit fur le Trône neuf ans, fuivant Ménandre d'Ephèfe, & dix-fept, fuivant Théophile d'Antioche.

ABDASTARTE, auffi obfcur que Beleazar, après un règne qui a pu être de 9 ans, ou de 12, fut maffacré par les quatre fils de fa nourrice, fans qu'il trouvât, dans la Phénicie entière, un vengeur; ce qui tendrait à perfuader qu'Abdaftarte fut un tyran ou une ftatue.

ANONYME; l'Hiftoire n'a pas confervé le nom de l'aîné des affaffins d'Abdaftarte, qui ufurpa fa Couronne, & en jouit pendant douze ans.

ASTARTE, qu'on croit frère du Roi assassiné, remit le sceptre de Tyr dans la famille d'Hiram, & régna autant de tems que l'usurpateur à qui il avait succédé.

ASERIM, frère d'Astarte, ne jouit que neuf ans du pouvoir souverain, & fut égorgé par son propre frère, aussi impunément qu'Abdastarte l'avait été par les fils de sa nourrice.

PHALES, c'est le nom de l'assassin d'Aserim. Ce Prince avait cinquante ans quand il ensanglanta ainsi le Trône de Tyr. Il ne jouit que huit mois du fruit de son crime, & fut massacré à son tour par son neveu, Ithobal, qui, suivant l'usage, lui succéda.

ITHOBAL, avant de régner, était Grand-Prêtre d'Astarte, & on observe que ce sacerdoce rendait le citoyen qui en était revêtu, la seconde personne de l'Etat; il est probable qu'il fit servir à-la-fois la religion & l'horreur innée des hommes pour la tyrannie, afin de se frayer une route au Thrône de Phales. Une fois affermi dans Tyr, ce Prince fit oublier, par ſes ſervices, le crime qui l'en avait rendu maître; il fit bâtir, dit-on, Botrous en Phénicie, & Auzates en Afrique; il paraît même par les titres que lui donne l'Hiſtoire, qu'il réunit à ſa Couronne celle de Sidon. Théophile le fait régner douze ans, & Ménandre trente-deux.

BADEZOR. La gloire de ſon père fut pour lui un fardeau. Il régna ſix ou ſept ans, & ne laiſſa qu'un nom ſtérile à la poſtérité.

MYTGOUNOS ou MATGEN, languit ſur le Trône comme Badezor. Ses Eunuques le gouvernèrent neuf ans, s'il en faut croire Ménandre, & vingt-deux, s'il faut ajouter foi à Théophile.

PYGMALION n'avait que ſeize ans quand il ſuccéda à ſon père; ſa méchanceté, froide & réfléchie, fit encore plus de mal aux Tyriens que la ſtupidité des deux automates couronnés qui le précédèrent. Ce Prince avait un beau-frère,

nommé Sichée, Grand-Prêtre d'Hercule,
& le particulier le plus riche de l'Orient ;
jaloux d'un faste qui éclipsait, à ses yeux,
la pompe royale, il l'invita un jour à une
partie de chasse, & pendant que les Sei-
gneurs de sa suite étaient occupés à pour-
suivre un sanglier, il le perça de sa lance,
& le jetta dans un précipice. S'il en fallait
croire Justin, cet assassinat ne fut pas même
enveloppé des voiles de l'artifice. L'audacieux scélérat suivit Sichée dans un
temple, & le massacra au pied des au-
tels (*a*). Virgile a adopté ce dernier
récit pour mettre plus d'intérêt à son
tableau de la fondation de Carthage.

Cependant le Tyran ne commit qu'un
crime inutile. Elise, veuve de Sichée, si
connue sur nos Théâtres sous le nom de
Didon, sçut tromper l'avare fureur de
son frère ; elle transporta, sur un navire,
ses trésors, & suivie d'un grand nombre

(*a*) Justin, lib. 2.

de Phéniciens, qui voulaient refpirer un air moins deftructeur que celui du defpotifme, elle fit voile vers l'Afrique, & fonda ou rétablit cette Carthage, qui empêcha Rome, pendant un fiècle, d'écrafer l'Univers.

L'Afrique, depuis long-tems, était couverte des colonies Phéniciennes, & la fondation de Carthage ne fit qu'en augmenter le nombre ; on compte, furtout, dans ce rang, Adrumet, les deux Leptis, Tanger & cette Utique, que le dernier des Caton immortalifa par fon fuicide.

Cartheia, à l'entrée du détroit de Gibraltar, eft encore un établiffement Tyrien, auffi bien que le célèbre port de Gades, qui paffa long-tems, chez les anciens, pour les limites du monde.

L'induftrieufe Tyr, maitreffe de la Méditerranée, après avoir peuplé la Sardaigne, la Corfe, Malthe & les Ifles Baleares, établit des comptoirs foit en Angleterre, foit dans les Gaules, & porta ſon pavillon triomphant juſqu'à cette Thule, ſi célèbre dans l'antiquité, & que nos Œdipes prennent tantôt pour l'Iſlande, tantôt pour la Norwège, & quelquefois pour le Nouveau-Monde.

On ne peut fixer la chronologie de tous ces grands établiſſemens; mais il eſt vraiſemblable que la plûpart étaient faits à l'époque du règne de Pygmalion.

Quand il vit que les hommes laiſſaient ſes crimes impunis, il ſongea, dans ſa vieilleſſe, à les faire oublier, même aux Dieux; il envoya aux Oracles les plus célèbres du monde connu, des préſens magnifiques; on cite, ſur-tout, un olivier d'or maſſif, qui portait pour fruits des émeraudes, & qu'il fit placer dans un temple d'Hercule, ſitué à Gades (*a*). Ce tyran crut qu'après avoir offert à ſes peuples ces vains ſimulacres de repentir, il mourrait dans ſon lit : il ſe trompa.

______

(*a*) Philoſtrat. *in vitâ Appollon.*, lib. 5.

Aſtarbe, ſa femme, l'empoiſonna, & voyant que le breuvage fatal agiſſait encore trop lentement au gré de ſes déſirs, elle l'étrangla de ſes propres mains, après quarante, ou peut-être quarante-ſept années de règne. On croit que c'eſt à la ſeptième, que Didon s'enfuit de Tyr pour aller fonder ou rétablir Carthage.

Ici eſt un vuide de 219 ans dans les annales Phéniciennes.

Bochart place, après ce grand vuide, le règne d'un Hiloul, qui reconquit l'Iſle de Chypre, échappée au joug des Tyriens, & qui régna trente-ſix ans *(a)*.

Ithobal II. On place, ſous ſon règne, un ſiége de Tyr par Nabuchodonoſor, qui dura treize ans *(b)*. Le conquérant Aſſyrien s'empara enfin de la ville, qu'il trouva ſans habitans, & la renverſa de fond en comble ; il eſt

---

(a) *Géogr. ſacr.* lib. 1, cap 3.
(b) Joſeph. *Antiq. Judaïc.* lib. 10.

probable que les Tyriens, pour n'être pas témoins du défaftre de leur patrie, s'embarquèrent avec leur Roi, & allèrent dans des mers lointaines, revivifiér quelques unes de leurs colonies. Ce n'eft que par conjecture que l'on donne dix - neuf ans de règne à Ithobal.

BAAL. Ce Prince, qu'on voit gouverner Tyr, prefqu'immédiatement après Ithobal, ne fut probablement qu'un Vice-Roi, dépendant des Souverains de Babylone ; il ne fit, pendant dix ans, rien pour relever fa capitale, & il régna fur des ruines, plutôt que fur des hommes.

Après la mort de Baal, la politique inquiète des Affyriens anéantit la Monarchie dans Tyr, & fubftitua à fes Souverains des Magiftrats amovibles, qu'on nomma Suffetes. Il y en a cinq qu'on cite, dans les liftes qui nous reftent de l'antiquité ; c'eft Ecnibal, Helbes, le grand Pontife Abbar, Mitgon & Gereftrate, qui gouvernèrent Tyr, dans le fens que leurs noms fe trouvaient au bas des édits des Rois de Babylone. Cette ombre de République ne fubfifta que fept ans. Enfuite Babylone permit que Tyr revînt à fes Rois, pourvu qu'ils fuffent tributaires de la métropole de l'Orient.

BALATOR fut le premier de ces phantômes couronnés ; mais il ne jouit pas de fon pouvoir plus long-tems qu'un Suffete, & il mourut l'année de fon couronnement.

MERBAL. C'était un Babylonien. Tyr, ne trouvant dans fes remparts aucun citoyen digne de la gouverner, offrit, à cet étranger, la Couronne. Celui - ci l'accepta. La léthargie du gouvernement, des loix & des arts, eft la même fous ce Prince, que fous fes prédéceffeurs.

HIROM, frère de Merbal, lui fuccède, & règne vingt ans. De fon tems, Babylone paffa au pouvoir de Cyrus, & dèslors les chaînes de la fervitude tombèrent des mains des Phéniciens. Cependant les ombres perpétuelles qui enveloppent leurs dynafties, ne s'éclairciffent pas tout - àfait. Tyr, à cette époque, a des Monarques à elle, & n'a point encore d'histoire.

MAPEN se montre sur la scène après Hirom; mais il ne fut point son successeur immédiat. Il paraît, par les fastes de la Phénicie, qu'il y eut entr'eux un vuide de plus d'un demi-siècle. Quoiqu'il en soit, ce Prince, contemporain de Xerxès, ne fut que l'adulateur servile du Despote de la Perse. C'est lui qui conseilla d'attaquer la flotte Grecque devant Salamine (a), & qui fit battre des millions d'esclaves par une poignée d'hommes libres. Mapen mourut aussi obscur qu'il avait vécu.

STRATON. C'est dans l'intervalle entre Mapen & ce Prince, qu'arriva la fameuse révolution qui mit le Gouvernement de Tyr entre les mains des esclaves; cette anecdote est une des plus étranges qu'on rencontre dans les écrits

______

(a) Herodot. lib. 8.

de l'antiquité ; une raifon éclairée en attaquera , peut-être , la vraifemblance ; mais quand même ce ne ferait qu'un roman philofophique, ce roman , à caufe du but moral qu'il préfente , mérite une place dans l'Hiftoire des Hommes (*a*).

Le fucceffeur de Mapen , las de la tyrannie des Defpotes de la Perfe , avait fecoué leur joug , & n'avait fait dépendre que de fon épée l'indépendance de fa Couronne. Le fuccès avait couronné fon audace; mais la dépopulation de fes Etats avait été le fruit amer de fes victoires ; Tyr s'était brifée en luttant même avec avantage contre la première Monarchie du globe ; il y avait , dans ce tems-là , une quantité prodigieufe d'efclaves dans la ville , que les habitans traitaient,

______

(*a*) *Celebre hoc fervorum facinus metuendum que exemplum toto orbe terrarum fuit* , dit très-bien Juftin , lib. 18 , cap 3 ; c'eft de cet Abréviateur de Trogue Pompée , qu'eft tirée cette anecdote.

fans doute , avec la dureté révoltante de Lacédémone pour fes Ilotes. L'excès de l'oppreffion amena l'indépendance. Ces efclaves confpirèrent contre leurs Tyrans, & les égorgèrent.

Après cet acte terrible de vengeance, ces antiques Spartacus remirent tranquillement leur poignard dans le fourreau , époufèrent les femmes de leurs Maîtres, & s'occupèrent à donner une forme ftable à leur Gouvernement.

Des efclaves qui ont vieilli dans des Etats foumis au pouvoir abfolu, ne connaiffent d'autre gouvernement que la Mon*** ue. Les nouveaux Maîtres de T , , s'affemblèrent donc pour fe choifir un Roi.

Les titres qu'on demanda à l'efclave qu'on devait couronner, étaient dignes du génie étroit de fes électeurs; il fuffifait de fe placer de façon à voir le premier le Soleil commencer fa carrière; idée qui rappelle l'extravagance des Satrapes de la Perfe, qui , après le maffacre du Mage Sphendadate , élurent pour Roi Darius, parce que son cheval avait henni le premier, à l'aspect du Soleil.

Parmi les esclaves de Tyr, qui prétendaient au Trône , il y en avait un qui n'ayant jamais reçu que des bienfaits de Straton, son maître, lui avait secrètement sauvé la vie. Celui-ci, par reconnaissance, voulut le faire Roi; il lui conseilla, quand il serait arrivé à la place publique, vers la pointe du jour, d'avoir les yeux fixés, non vers l'Orient, comme le reste de la multitude , mais vers l'Occident. L'esclave suivit le conseil, & on le regarda comme un insensé ; bien - tôt le Soleil s'approche des bords de notre hémisphère, & tandis que tout le monde, tourné vers l'Orient, épie le moment où l'extrémité de son disque lumineux va paraître , l'esclave fortuné leur montre le sommet des tours de la ville , déja illuminé par ses rayons. On applaudit à l'idée , mais elle parut trop ingénieuse pour être née dans la tête dégradée d'un esclave; celui-ci avoua qu'il la devait à Straton; alors il se fit une révolution étrange dans l'esprit de toute cette multitude, & ce fut à Straton lui - même qu'elle déféra la Couronne.

On s'attend à trouver enfin un homme dans Straton; mais il n'y a point d'homme ni parmi des esclaves, ni parmi ceux qui se disent leurs maîtres. Straton ne fit rien pour sa gloire, ou pour celle de son pays. A sa mort, son fils le remplaça, ensuite ses neveux ; mais toute cette génération de Rois était si fort avilie, qu'on a dédaigné même de nous transmettre leurs noms ; on ne cite que le dernier, Azelmic, sous lequel Tyr & la Phénicie essuyèrent leur dernière catastrophe.

SIÉGE DE TYR,

ET SA DESTRUCTION PAR

ALEXANDRE (a).

Tyr, malgré le défaftre qu'elle effuya fous Nabuchodonofor, malgré fa longue fervitude fous les Defpotes de Babylone & de la Perfe, malgré même l'inertie de fon gouvernement fous les fucceffeurs de Pygmalion, s'était relevée avec autant d'éclat, que lorfque couvrant les deux mers de fes flottes victorieufes, elle étendait fes bras autour du monde connu ; on s'apperçoit affez de fa force, quand on la voit enchaîner, pendant fept mois, aux pieds de fes remparts, le génie

______

(a) Diod. Sicul. *Hift. Univ.* lib. 17, parag. 7 ; Arrian. *de expedit. Alexand.* lib. 2, *à cap.* 18 *ad* 25, & *Quint.-Curt.* lib. 4, cap. 2, 3 & 4.

d'Alexandre ; comme ce moment eſt le plus brillant qui s'offre dans les annales de la Phénicie, l'Hiſtoire des Hommes doit s'y arrêter.

Alexandre venait, par ſa victoire d'Iſſus, d'ébranler, juſques dans ſes fondemens, la Monarchie des Perſes. La Syrie avait ſubi ſon joug ; il avait donné un Roi à Sidon ; il ſe préſenta avec ſa phalange victorieuſe, & ce qui ſervait encore mieux ſon ambition, avec ſa renommée, devant les murs de la métropole de la Phénicie. Le Roi Azelmic ſe conduiſit d'abord avec une prudence conſommée ; il envoya au Héros des Ambaſſadeurs, avec une couronne d'or pour lui, & des vivres en abondance pour toute ſon armée ; Alexandre ne dédaigna pas ces préſens ; mais il déclara aux Tyriens qu'il voulait entrer dans leur ville, pour offrir un ſacrifice à Hercule, dont les Rois ſes aïeux ſe faiſaient gloire de deſcendre. Une telle généalogie parut un peu ſuſpecte aux Ambaſſadeurs ; ils ne purent ſe perſuader

qu'un Prince, qui demandait à Jupiter
des mondes nouveaux pour les conquérir,
introduit une fois avec son armée au
milieu d'une ville puissante, se contentât
d'y offrir un sacrifice à Hercule. Ainsi,
ils n'entrèrent point dans les vues d'A-
lexandre ; mais pour ne point rompre
ouvertement avec lui, ils colorèrent leur
refus en lui offrant de le conduire à
Paletyr, où il trouverait un temple dédié
au dieu tutélaire de sa Maison, qui re-
cevrait ses sacrifices. Le Conquérant,
furieux, sans doute, de se voir deviné,
s'emporta contre les Tyriens » Eh ! quoi,
» leur dit-il, parce que la mer baigne
» de tout côté vos remparts, vous
» souriez avec dédain sur l'armée que
» je commande : tremblez ; je vous
» apprendrai bien-tôt que vous êtes en
» terre ferme, & c'est l'épée à la main
» que j'irai dans votre ville sacrifier à
» Hercule «.

Il n'y avait que le succès qui pût
justifier cette menace audacieuse d'A-

lexandre ; le projet d'unir Tyr à Paletyr, par un mole conſtruit au milieu de la mer, ſemblait preſqu'auſſi extravagant, que l'idée de tailler le mont Athos en ſtatue. Le bras de mer qui ſéparait Tyr du continent, avait alors quatre ſtades, & il était très - dangereux, même aux navigateurs, de le traverſer, à cauſe d'un vent impétueux du couchant qui ſoufflait ſans ceſſe dans la direction du détroit. Toutes les chauſſées que les Rois de Tyr avaient conſtruires, n'avaient laiſſé aucune trace ; ſoit que l'eau, en s'inſinuant entre les pilotis, eût miné lentement l'ouvrage, ſoit que les flots amoncelés l'euſſent briſé avec violence.

Le mole même achevé, la place reſtait encore inexpugnable ; car les remparts étaient baignés par la mer, & on ne pouvait ni dreſſer des batteries pour y faire brèche, ni placer des échelles pour les eſcalader.

Ce qui rendait le ſiége encore plus difficile, c'eſt que les Macédoniens n'avaient point de vaisseaux, tandis que le port de Tyr renfermait une flotte formidable qui devait servir soit à harceler les constructeurs du mole, soit à transporter des secours d'hommes & de vivres dans la place.

Et ces secours d'hommes ne semblaient point une espérance frivole dont se berçât la crédulité des Tyriens. Il y avait, à cette époque, dans leur ville, des Ambassadeurs de Carthage, qui y étaient venus offrir des sacrifices, en mémoire de la fondation de leur colonie, sous le règne tyrannique de Pygmalion. Ces Ambassadeurs exhortèrent les assiégés à se défendre avec vigueur, & leur promirent, de la part de leurs concitoyens, qui tenaient alors l'empire de la mer, un secours puissant qui ferait bien-tôt avorter tous les projets destructeurs du Héros de la Macédoine.

Tant de difficultés auraient arrêté un guerrier ordinaire ; mais le génie d'Alexandre était fait pour s'irriter des obstacles, & pour les vaincre. Il commença donc le siége de Tyr, bien résolu à mesurer l'éclat de sa destruction, sur l'opiniâtreté qu'elle mettrait à arrêter le cours de ses conquêtes.

Son premier acte d'hostilité fut le renversement de Paletyr; il en fit servir les décombres à former la chauffée qui devait unir l'Ifle de Tyr à la terre-ferme.

Cependant les Généraux Macédoniens, dont la tête plus froide calculait du moins le prix du tems, si elle n'appréciait pas la perte des hommes, représentèrent à Alexandre, que pour peu que le siége traînât en longueur, Darius en profiterait pour réparer ses défastres, & que peut-être la prise de Tyr lui coûterait la Couronne de Perse; le Roi ébranlé, & non convaincu, envoya aux Tyriens des hérauts pour leur offrir la paix; mais ceux-ci les massacrèrent de sang-froid, & jettèrent leurs corps sanglans, du haut de leurs tours, dans la mer. Ce crime inutile, même dans ce renversement des droits de la nature , qu'on appelle droit de la guerre , a fait rejaillir un opprobre éternel fur la mémoire des Tyriens , & rendu moins odieux le Héros qui les a enfévelis fous les ruines de leur patrie.

Alexandre , inftruit du maffacre des Miniftres de paix qu'il avait envoyés à Tyr , jure de les venger , & fait les apprêts du fiége avec la plus grande activité. Il ordonne qu'on abatte les plus hauts cèdres du Liban , pour conftruire des navires & des tours , & fait fabriquer , dans les villes voifines , des catapultes, & d'autres machines de guerre deftinées à battre les remparts.

La conftruction du mole eft, de toutes fes opérations militaires , celle qui fixe le plus fes regards ; auffi c'était celle qu'il lui était le plus difficile de terminer à fa gloire. Dès que fes ordres furent donnés pour combler le détroit , l'armée fit éclater fes murmures. Le foldat s'approchait des rochers qui bordaient le rivage , mefurait des yeux la profondeur

des eaux, & reculait d'effroi. „ Alexandre,
„ difaient les plus mutins, nous croit - il
„ des Titans, pour nous commander un
„ pareil ouvrage ? Quand nous épuife-
„ rions toutes les carrières de la Phénicie,
„ & tous les cèdres du Liban , oferions-
„ nous efpérer de remplir ces abymes ? Ce
„ font des montagnes entaſſées les unes
„ fur les autres, que le Defpote doit de-
„ mander aux Briarée & aux Encelade :
„ & encore trouverons-nous, peut-être ,
„ au haut des remparts de Tyr, un Ju-
„ piter qui fçaura nous écrafer de fon
„ tonnerre „. Le Conquérant fut inftruit
de ces murmures , & comptant fur fon
éloquence perfuafive , il vint lui - même
les appaifer. Il peignit , avec des traits
de feu, l'infraction que les Tyriens avaient
faite audroit des nations, en maſſacrant
les Miniftres de paix qu'il leur avait envoyés ; il intéreſſa l'amour propre des
vainqueurs de Darius à ne point fe laiſſer
braver par un ennemi faible qu'ils pouvaient punir ; & quant au mole, dont

leur courage s'épouvantait, prenant tout-à-coup le ton d'infpiré, dont les Cromwel & les Mahomet firent dans la fuite tant d'ufage pour fubjuguer les ames faibles : » Ceffez de craindre, s'écria-t-il ; les » cieux, cette nuit, fe font ouverts devant » moi ; j'ai vu le Héros, qui, en féparant » de fes mains immortelles Calpe d'Abyla, » réunit les deux mers ; il me tendait les » mains, me montrait l'Océan fubjugué » par ma brave phalange, & m'ouvrait » les portes de Tyr (*a*). Travaillez avec » courage, les vents vont s'appaifer, les » flots vont s'applanir, & la Phénicie » entière eft à vous «.

Les Macédoniens, quoiqu'au fiècle

(*a*) *At ille haud quaquam rudis tractandi militares animos, fpeciem fibi Herculis in fomno oblatam effe prononciat dextram porrigentis : illo duce, illo aperiente, in urbem intrare fe vifum.* Voy. *Quint. - Curt.* lib. 4, cap. 2. Voy. auffi Arrian. *de exped. Alexandr.* lib. 2, cap. 18.

philosophique de Périclès , étaient aussi peuple que les anciens sauvages de la Tauride ; ils crurent que la main d'Hercule leur ouvrirait les portes de Tyr, encore plus sûrement que leur épée, & sur la foi de son oracle , interpreté par Alexandre, ils se mirent , avec ardeur, à combler le détroit. Déja, dit Quinte-Curce, l'ouvrage s'élevait à la hauteur d'une montagne , cependant il n'était pas encore à fleur d'eau (a). Plus on s'éloignait du rivage, plus la mer se trouvait profonde , & engloutissait de matériaux dans ses abîmes; mais les soldats, animés par la présence de leur Roi , comblaient le détroit sans en mesurer la profondeur ; on aurait dit, à voir leur courageuse gaité, au milieu des plus pénibles travaux , qu'ils étaient aussi sûrs de vaincre la mer , que les légions énervées de Darius.

(a) *Jam à fundo maris in altitudinem montis opus excreverat, nondum tamen aquæ fastigium æquabatur.* Voy. lib. iv , cap. 2.

Les Tyriens, d'abord, s'allarmèrent peu de l'entreprife d'Alexandre ; ils s'attendaient à chaque inftant qu'un coup de vent anéantirait à-la-fois le travail & les travailleurs ; cependant quand ils virent le mole s'élever peu à peu au-deffus de la furface de la mer, leur fécurité profonde commença à difparaître ; ils firent fortir du port des navires légers, qui tournant autour du mole, cherchèrent à l'endommager dans les endroits faibles de la conftruction. Les foldats qui montaient ces navires, harcelaient auffi tellement les Macédoniens par les traits qu'ils leur lançaient, qu'on fut obligé de tendre des voiles pour les couvrir, & d'élever deux tours à la tête de la chauffée, afin d'en défendre les approches.

Les allarmes des Tyriens croiffant avec le danger qui les menaçait, ils envoyèrent à Carthage leurs veillards, leurs femmes, leurs enfans, leurs tréfors, & fachant tout ce qui leur était cher en fûreté, ils ne craignirent plus de mourir.

Un évènement fingulier, que la fuperftition Grecque & Tyrienne interpréta ,
comme fi c'était un prodige , fixa , à cette
époque , l'attention des affiégeans & des
affiégés ; on vit une énorme baleine s'é-
lancer hors des flots , appuyer la maffe
prodigieufe de fon corps fur la chauffée ,
s'élever en agitant la furface des eaux , fe
plonger à demi fous les vagues écumantes,
& difparaître entièrement non loin des
murs de Tyr. Les Macédoniens crurent
que ce monftre leur indiquait la direction
du mole , & les Tyriens le moyen de le
renverfer. Pour les Philofophes , (s'il y
en avait à Tyr ou dans le camp d'A-
lexandre) ils ne durent être embarraffés
que de favoir comment une baleine ,
habitante naturelle des mers voifines du
Pole , était venue échouer fi près des
Tropiques.

Ce phénomène rappella d'autres prodiges encore plus contraires aux loix de
la faine Phyfique , qui avaient effrayé le
vulgaire fuperftitieux , au commencement

du siége ; les Forgerons de Tyr, qui travaillaient à la fabrique des instrumens de guerre, avaient vu, en allumant leurs fourneaux, le sang couler au milieu des flammes. Un Phénicien, dans un songe, avait entendu Apollon menacer d'abandonner la ville, dont il était le dieu tutélaire. Ses concitoyens, pour anéantir l'effet de la vision, avaient voulu lapider le visionnaire, qui s'était réfugié dans le temple d'Hercule, & c'est alors que les Magistrats de Tyr avaient eu la naïveté de lier, avec des chaînes d'or, la statue d'Apollon à son piédestal.

Le camp des assiégeans s'était trouvé aussi quelque tems la scène des merveilles. Quinte-Curce & Diodore s'accordent tous deux à dire qu'un soldat, en coupant son pain de munition, en vit distiller intérieurement des gouttes de sang ; Alexandre, ajoute-t-on, en fut effrayé, & il fallut que le devin Aristandre vînt tranquilliser ce Roi, que les lumières d'Aristote, son instituteur, n'avaient pas même mis au niveau de son siècle. L'interprétation du devin est digne de l'imposture qui prononce, & de l'ignorance qui écoute. » Si le sang, » dit-il, eût distillé de la surface exté- » rieure du pain, le présage eût été si- » nistre pour le Roi de Macédoine ; » mais puisqu'il n'a coulé qu'intérieu- » rement, il est évident qu'il annonce » le désastre de la ville dont on fait le » siége «.

Cependant, malgré la prédiction d'Aristandre, le siége n'avançait point ; Alexandre, dont le génie actif & inquiet ne pouvait descendre aux opérations lon- gues & minutieuses qu'entraîne un blocus, laissa à Cratère & à Perdiccas, le com- mandement de ses armées, &, à la tête d'un camp volant, se rendit en Arabie ; son objet était de réprimer les brigan- dages de quelques tribus errantes de cette contrée, qui venaient de tems en tems troubler les coupes de cèdres que les Macédoniens faisaient dans l'Antiliban. Dès qu'il parut fur les frontières de l'Arabie, les brigands fe retirèrent dans l'intérieur du pays, & le Héros n'ayant point d'hommes armés à combattre, revint en Phénicie. Les Ecrivains, qui ne voient jamais la grandeur d'Alexandre que comme coloffale, font partis de cette expédition pour perfuader à la poftérité que le conquérant avait fubjugué l'Arabie ; Pline même, qui avait adopté cette tradition erronée, ajoute que ce Héros envoya, au Philofophe Léonidas, un vaiffeau chargé d'encens & d'aromates, comme un monument de fes victoires (*a*). Il eft difficile de croire qu'Alexandre ait fait préfent d'un vaiffeau ainfi chargé à Léonidas, qui, foit en qualité de Lacédémonien, foit en qualité de Philofophe, était doublement ennemi des aromates ; il l'eft encore plus d'imaginer que le Héros de

***

(*a*) *Hiftor. Natural.* lib. 12, cap. 14.

la Macédoine, qui n'a pu s'éloigner de Tyr plus d'un mois, ait, pendant cet intervalle, parcouru, en vainqueur, six cents lieues de pays, & subjugué, avec un camp volant, ces Arabes puissans & fiers, le seul peuple du globe qui passe pour n'avoir été subjugué par personne.

Les Tyriens, instruits de l'absence d'Alexandre, redoublèrent d'effort pour ruiner les travaux du mole; ils chargèrent d'un poids énorme la poupe d'un vaisseau de guerre, afin que le côté de la proue fût plus élevé, & après avoir enduit le corps du bâtiment de poix, de souffre & de bitume, ils le lancèrent à la mer; à peine touchait-il à la pointe de la digue, que ceux qui le montaient y mirent le feu, & se sauvèrent dans leurs chaloupes. Le vaisseau embrasé communiqua l'incendie aux tours, & en peu de momens ces forteresses, destinées à protéger les constructeurs du mole, furent réduites en cendre.

Ce défaftre fut bien-tôt fuivi d'un autre. Ce vent terrible du couchant, que les Tyriens appellaient depuis long-tems par leurs vœux, fouffla enfin avec violence. Les vagues amoncelées heurtèrent contre le centre du mole, féparèrent les pierres mal unies qui formaient le maffif, & quand une fois une partie de la chauffée fut entr'ouverte, le refte fondit comme dans un abyme.

Alexandre arriva quand fa digue n'exiftait plus ; Xerxès, dans une circonftance pareille, avait enchaîné une feconde fois l'Hellefpont par un pont de bateaux. Le Héros Macédonien, auffi entier dans fes projets que les Defpotes, ordonna, à fes Architectes, une nouvelle chauffée. Ceux - ci jettèrent des cèdres tout entiers avec leurs branches dans la mer pour rompre l'effort des vagues, & à l'abri de ce rempart, ils reprirent leur travail. On donna auffi une plus grande furface au mole, afin que les tours élevées

au centre fe trouvaffent hors de la portée
des flèches.

Les affiégés, de leur côté, ne s'endor-
mirent pas ; ils envoyaient des plongeurs
adroits, qui s'élançaient dans la mer loin
de la vue de l'ennemi, nageaient entre
deux eaux, & arrivés au pied de la levée,
tiraient, avec des crocs, les branches qui
donnaient le plus de prife, ou bien liaient
le tronc d'un arbre avec des cordages, &
remontés fur leurs chaloupes, ramaient
avec force pour l'entraîner avec la partie
du mole à qui il fervait de bafe.

Tous ces ftratagêmes furent inutiles ;
l'étoile d'Alexandre prévalut, & grace
au filence des vents, la digue fut ache-
vée.

Le bruit de l'heureufe audace du Héros
de la Macédoine, fe répandit bien-tôt
dans toute la Phénicie ; les peuples inti-
midés crurent qu'on devait être maître
des hommes quand on l'était de la mer,
& ne fe fouvenant plus que Xerxès,
qui avait enchaîné l'Hellefpont, avait été

vaincu à Salamine, ils allèrent demander des fers à Alexandre.

Parmi les Rois fans courage, qui trahirent la caufe commune des Phéniciens, pour conferver un titre fans pouvoir, il faut compter un Geroftrate, Souverain d'Arad , & un Enyl , maître de Byblos (a); l'un & l'autre équipèrent des vaiffeaux , & les conduifirent auprès des deftructeurs de leur pays. Les Sidoniens amenèrent auffi à Alexandre des trirèmes, mais perfonne n'en fut étonné; ils devaient , à ce Héros, leur Roi Abdolonyme, & ils ne furent coupables que par reconnaiffance; encore les verrons-nous , dans la prife de Tyr, réparer, à force d'humanité, les malheurs dont l'affreux droit de la guerre les avait forcé à être les inftrumens.

La flotte auxiliaire des Phéniciens montait en tout à quatre-vingts navires.

____

(a) Les détails que nous allons donner fur les vaiffeaux auxiliaires d'Alexandre , ne fe trou-

Deux petites villes de Cilicie (*a*), en envoyèrent auffi trois, & il en vint dix de Rhodes,& autant de la Lycie. Alexandre avait ordonné, dès le commencement du fiége, qu'on lui équipât une flotte dans fes Etats héréditaires ; mais fa mère ne put faire partir qu'un vaiffeau de cinquante rames, commandé par Protée ; avec une marine fi peu formidable, il était impoffible aux Macédoniens de tenir tête aux Amiraux de Tyr. Les Souverains de Chypre rétablirent la balance, en amenant au vainqueur de Darius, un nouveau renfort de cent vingt voiles (*a*) ;

---

vent que dans Arrien, *de exped. Alexand.* lib. 2, cap. 20.

(*a*) Arrien les nomme *Solis* & *Mallous* ; il y avait auffi une ville de Solis dans l'Ifle de Chypre.

(*b*) Quinte-Curce ne compte en tout que cent quatre-vingt-dix vaiffeaux, lib. 4 , cap. 3 ; mais ni pour les calculs , ni pour la géographie , ni pour la dialectique, fon autorité ne vaut celle d'Arrien.

ce Prince ne perdit point, à confulter, un tems favorable pour agir; il difpofa fur-le-champ fa flotte en forme de croiffant, prit le commandement de l'aîle droite, fit diriger les évolutions de la gauche à Cratère & à un Pythagore, Roi de Chypre, & préfenta le combat à l'ennemi. Tyr, mal-gré fa fupériorité dans l'art de la marine, n'ofa pas accepter le défi; elle fe contenta de faire fortir de fon port trois galères pour tenter une efcarmouche. Alexandre fondit fur elles, les brifa, & rentra dans fon camp en triomphe.

Les Tyriens commencèrent à augurer mal du fiége; afin de doubler leur dé-fenfe, ils fe hâtèrent de bâtir, à cinq pieds de diftance de leurs remparts, un nouveau mur de dix coudées d'épaiffeur, & rom-pirent le paffage de l'un à l'autre foit par des foffés, foit par des amas de décom-bres. Cette précaution retarda de quelques inftans le défaftre de leur métropole.

Cependant le mole atteignait déja le rivage de Tyr; alors le zèle des affiégeans prit une nouvelle activité, & on commença l'affaut. Alexandre joignit un grand nombre de fes vaiffeaux deux à deux, & en travers ; l'intervalle était rempli par une efpèce de plancher pofé fur des antennes, où on avait mis des gens de traits, qui, à couvert par les proues des vaiffeaux, tiraient fans danger contre les Tyriens, dont le rempart était bordé. On fit avancer auffi des tours flottantes qui égalaient la hauteur des murailles ; les foldats qui en dirigeaient la marche, arrivés à une faible diftance, faifaient tomber des ponts-levis fur les parapets du rempart, & fe jettaient au milieu des affiégés. Les machines de guerre, pofées à l'extrémité du mole, infpirèrent une terreur encore plus grande, en ce qu'elles renversèrent les murs de Tyr dans la longueur d'un arpent. Alexandre fe croyait déja maître de la ville, quand un orage, qui furvint tout-à-coup, trahit fon efpoir, & le força de mettre un nouveau délai à fa vengeance.

Cet orage n'eut pas aſſez de violence & aſſez de durée pour renverſer une ſeconde fois le mole qui joignait Tyr à Paletyr ; mais ſa fureur ſe déploya contre la flotte Macédonienne ; les vaiſſeaux, liés par de faibles antennes, ſe choquèrent avec fracas ; le plancher mobile, qui leur ſervait de communication, ne tarda pas à ſe rompre, & la mer engloutit les ſoldats qu'il portait, avec les machines.

Les Tyriens ne tirerent pas tout le parti qu'ils pouvaient tirer de ce déſaſtre ; c'eſt au milieu de l'orage qu'ils virent entrer dans leur port les trente Ambaſſadeurs, qui leur apportaient la nouvelle fatale d'un refus de toute eſpèce de ſecours, de la part de Carthage. Tyr, conſternée d'un pareil abandon, perdit, à gémir ſur ſon infortune, le tems qu'elle aurait pu employer à la réparer.

Il eſt probable que ce fut une guerre civile qui empêcha la colonie de ſecourir ſa métropole ; mais quand Quinte-Curce déclare que le motif du refus de Carthage

fut

fut l'irruption des Syracufains en Afrique,
il commet un anachronifme révoltant ;
on fait , par tous les monumens les plus
authentiques de l'Hiftoire, que Syracufe
ne defcendit en Afrique que fous Aga-
thocle , & cette époque eft poftérieure de
vingt - deux ans à la prife de Tyr par
Alexandre.

Les Ambaffadeurs de Carthage , au
lieu des fecours d'hommes qu'ils devaient
donner aux Tyriens , leur donnèrent des
confeils , pour prévenir la deftruction de
leur ville; l'un de ces confeils fut d'immoler
à Saturne le fils aîné d'un de leurs Magiftrats; ils ne doutaient pas qu'un enfant, plein
de candeur & d'innocence , expirant dans
les accès de la rage, aux genoux embrafés
d'une idole , ne fût un fecret infaillible
pour empêcher des conquérans de prendre
une ville d'affaut. Heureufement les dieux
qu'on honorait à Tyr , n'étaient point
des dieux de fang , & chacun attendit
fon falut de fa valeur , plutôt que du
plus abominable des facrifices.

Alexandre fit donner un fecond affaut à la place ; mais les Tyriens , qui s'y étaient attendus , fçurent , à force d'induftrie & de bravoure , le rendre inutile ; il eft probable qu'ils avaient parmi eux des Archimèdes qui imaginaient des machines de deftruction pour feconder la valeur , ou pour y fuppléer. L'ufage ingénieux qu'on en fit , rendit le fiége de Tyr auffi mémorable que celui de Syracufe.

Ces Archimèdes de la Phénicie forgèrent d'abord de longs tridens de fer , avec lefquels ils bleffaient les foldats Macédoniens jufques fur les créneaux de leurs tours ; ils adaptaient à ces tridens, des filets qui leur fervaient à envelopper l'ennemi , & à le tirer fur leurs remparts. Le foldat , arrêté dans ce piége , était contraint de fe dépouiller de fon armure , & de demeurer nud , expofé à l'atteinte des dards , ou fi le préjugé de l'honneur le forçait à garder fes armes , il ne pouvait fe dérober à l'efclavage , qu'en fe précipitant du haut de la tour qu'il n'était plus à portée de défendre.

Quant aux traits des ennemis , les Tyriens les rendaient inutiles en plaçant fur leurs remparts des toues de marbre toujours en mouvement, qui les écartaient ou à droite ou à gauche , & fouvent les faifaient rebondir contre le foldat, qui les avait lancés.

Si les Macédoniens, furmontant tant d'obftacles, paraiffaient au haut des murs, l'Artifte dirigeait fes machines contre les plus apparens ; tantôt un rocher , lancé d'un catapulte , les renverfait du haut de la brèche, tantôt une main de fer , dirigée par un fil invifible , les enlevait avec leur armure ; la mort fe préfentait aux yeux des affiégeans fous toutes fortes de formes, & ils la fubiffaient fans pouvoir fe venger , ni même fe défendre.

La plus terrible des découvertes meur-trières des Tyriens , était celle du fable qu'ils faifaient rougir à grand feu , & dont ils rempliffaient des efpèces d'urnes d'airain qu'ils laiſſaient tomber ſur la tête des aſſaillans. Le ſoldat, dans le mouvement qu'il faiſait pour ſe débarraſſer de ces urnes fatales, laiſſait gliſſer le ſable embraſé dans les défauts de ſon armure, & périſſait dans des tourmens auſſi affreux que ſi on l'eût attaché à la ſtatue du Saturne de Carthage.

Quand les Macédoniens eurent lutté long-tems, avec leur valeur naturelle, contre les ennemis inviſibles dont ils étaient environnés, Alexandre, pour ne pas augmenter le triomphe des Tyriens, fit ſonner la retraite.

De retour dans ſa tente, & tout entier à ſes ſombres réflexions, le Roi de Macédoine délibéra un moment s'il ne leverait pas le ſiége de Tyr, pour aller faire la conquête de l'Egypte ; mais la crainte que ſa gloire ne parvînt pas ſans ombre aux générations futures, arrêta cette grande ame, & il réſolut de tenter un troiſième aſſaut.

Les Macédoniens s'étant repoſés pendant deux jours, Alexandre fit dreſſer toutes les machines, ranger en bataille tous les vaiſſeaux, & attaquer à-la-fois Tyr par mer & par terre. On cite de ce Prince, à cet aſſaut, des traits de valeur, qui ne ſont devenus vraiſemblables que depuis que nous les avons vu renouvellés par Charles XII. Il monta, dit Diodore, au haut d'une tour, poſée ſur une de ſes galères, ordonna qu'on jettât le pont-levis, & ſe préſenta ſeul ſur les remparts de Tyr, renverſant, avec ſa lance & ſon épée, tout ce qui s'oppoſait à ſon paſſage; les Macédoniens, qui virent le danger de leur Roi, eſcaladèrent alors les murs de toutes parts; pendant ce tems-là le bélier abattait les défenſes de la place, les ſoldats montaient ſur la brèche, la flotte forçait le port, & enfin la ville tomba au pouvoir d'Alexandre.

Les Tyriens, quoique ſans reſſources, luttèrent encore long-tems contre leurs deſtinées; la plûpart montèrent ſur les terraſſes de leurs maiſons, & firent pleuvoir une grêle de pierres fur les foldats du Conquérant ; quelques - uns fe traînèrent, bleffés, près de leurs dieux domeftiques, & s'y poignardèrent; d'autres fe jettèrent fur la phalange Macédonienne, & fe délivrèrent d'une vie importune, en l'ôtant à leurs vainqueurs.

Alexandre, maître de Tyr, pouvait être généreux fans danger : il ne le fut point. Furieux de s'être vu arrêté fept mois au pied de fes remparts, il laiffa dormir fa grandeur d'ame, & tira, d'une réfiftance généreufe, la vengeance petite & cruelle qu'en aurait tiré la vanité humiliée des Xerxès & des Cyrus.

Le Conquérant ordonna qu'on pafsât au fil de l'épée tous les citoyens, à la réferve de ceux qui s'étaient réfugiés dans les temples , & qu'on mît le feu aux édifices ; cet édit atroce fut publié à fon de trompe ; mais aucun des Tyriens, capable de porter les armes, ne voulut fe prévaloir du privilége des afyles. Les temples ne fe trouvèrent remplis que d'enfans, de vierges & de vieillards ; pour les citoyens capables de fe défendre, ils fe tinrent à l'entrée de leurs maifons, comme des victimes fous le couteau des Prêtres, attendant le moment d'être im_molés.

Heureufement pour la mémoire d'A-lexandre, fon édit horrible n'eut pas tout fon effet ; il y avait, dans fon armée, un grand nombre de Sidoniens, qui, refpectant le malheur d'un peuple dont ils partageaient l'origine, au lieu d'égorger de fang froid les Tyriens qui s'offraient d'eux-mêmes à leurs coups, les menèrent, en fecret, fur leurs vaiffeaux, & les tranfportèrent à Sidon ; quinze mille hommes échappèrent ainfi à la fureur d'Alexandre.

On ne peut calculer, avec précifion, le nombre d'hommes qui périrent dans le fac de Tyr, parce que la plume officieufe des admirateurs d'Alexandre a couvert d'un voile épais les détails du carnage, exécuté en vertu de fon Edit ; mais on

fait qu'au moins fix mille Tyriens furent
tués fur leurs remparts (*a*), & que deux
mille hommes, échappés au maffacre, parce
que les Macédoniens étaient las de tuer,
furent conduits fur le rivage de la mer,
& crucifiés par l'ordre du Héros, yvre
de gloire & de fang, qui fe difait le
rival d'Achille, & le fils de Jupiter.

Quand les regards du Conquérant fe
furent raffafiés quelque tems du fpectacle
de la mort lente & cruelle de ces deux
mille victimes de fa rage, il entra dans
le Temple d'Apollon, pour ôter à fa

(*a*) Le nombre des Tyriens paffés au fil de l'épée,
ou précipités dans la mer, ou mis en croix,
montait, fuivant Arrien, *de exped. Alexand.*
lib. 2, cap. 24, à huit mille, & à fept feulement fuivant Diodore, *Hiftor. Univerf.* lib. 17,
parag 7. Les Hiftoriens varient encore plus fur
la quantité des hommes réduits en efclavage.
Diodore n'en compte que treize mille : Quinte-
Curce veut qu'il y en ait eu quinze, & Arrien,
fuivant un calcul que la population de Tyr
rend infiniment plus vraifemblable, en fait monter
le nombre jufqu'à trente.

ſtatue les chaînes d'or avec leſquelles les Magiſtrats de Tyr l'avaient liée à ſon piédeſtal, & il le déclara ſolemnellement l'ami d'Alexandre.

Le Héros Macédonien quitta enſuite le Temple d'Apollon, ſon ami, pour ſe rendre dans celui de ſon aïeul Hercule, il y trouva le faible Roi Azelmic, avec un grouppe de courtiſans dignes de lui, qui, déja a demi morts de frayeur, attendaient qu'on vînt les égorger aux pieds de l'autel qu'ils embraſſaient. De tels hommes n'étaient pas faits pour allarmer l'ambition d'Alexandre. Ce Prince leur donna la vie; il permit même à Azelmic de porter le vain titre de Roi, ſur les ruines de la ville qu'il n'avait pas ſçu défendre.

Les Grecs, depuis cette époque, ne ſe ſont plus occupés de ce phantôme couronné; on ne ſçait s'il ſurvécut à ſon vainqueur, & ſa mort, auſſi obſcure que ſa vie, n'a laiſſé aucune trace dans l'Hiſtoire.

Il y avait auffi, dans le Temple d'Hercule, des Carthaginois ; c'était, fans doute, ces Ambaffadeurs fanatiques qui avaient confeillé aux Tyriens de fe défendre d'une invafion ennemie, en immolant des enfans à Saturne. Alexandre refpecta l'afyle qu'ils avaient choifi, mais il leur annonça qu'il déclarait la guerre à Carthage.

Quand le fang des Tyriens ne ruiffela plus dans les places publiques, quand les vautours eurent dévoré les reftes des deux mille guerriers morts fur une croix, quand l'incendie des édifices publics fut arrêté, Alexandre remplit le vœu qu'il avait fait au commencement du fiége, & offrit fon facrifice à Hercule.

Tel fut le fort de la malheureufe Tyr. Juftin ajoute à tant de détails que cette ville ne tomba, que par une trahifon, fous le pouvoir des Macédoniens (*a*) ;

______

(a) *Non magno poft tempore per proditionem,* lib. XI, cap. 10.

cette circonſtance, omiſe par tous les autres Hiſtoriens, nous paraît peu vraiſemblable; il ferait, ſur-tout, odieux de faire tomber le ſoupçon de cette perfidie ſur Azelmic, homme ſans caractère, qui n'eut jamais ni le courage de défendre ſes peuples, ni l'audace de les livrer à Alexandre.

Il faut encore plus ſe défier d'un conte de Polyen ſur la manière dont Tyr ſubit le joug de ſes vainqueurs. Cet Ecrivain prétend qu'Alexandre étant parti pour réprimer une incurſion des Arabes, les Tyriens profitèrent de ſon abſence pour faire une ſortie heureuſe, mais que le Héros, averti à tems par Parménion, revint ſur ſes pas, & que pendant qu'une partie de ſes ſoldats ſemblait céder à l'ennemi, ſa phalange eſcalada la ville, dégarnie de défenſeurs (*a*). Polyen a écrit ce fait dansun livre de Tactique, qui

____

(*a*) Polyen, *lib.* 4, *cap.* 3.

a titre : *Des ſtratagêmes militaires* , &
on voit qu'il n'a ainſi corrompu un trait
de l'Hiſtoire, que pour créer un nouveau
ſtratagême.

Le ſiége de Tyr avait duré ſept mois ;
ſon déſaſtre arriva l'an 1898 de l'Ere de
Calliſthène, & précéda de quatre ans le
renverſement de l'Empire des Perſes.

FASTES DES MONARCHIES PHÉNICIENNES.

C E ferait en impofer aux hommes qu'on veut inftruire, que de marquer, par des époques fuivies, l'Hiftoire des Monarchies Phéniciennes, depuis leur origine jufqu'à leur décadence.

D'abord leur antiquité empêche de donner une bafe folide à leurs Faftes; il y a bien peu de monumens authentiques qui remontent au - delà de l'Ere de Callifthène, & on ne peut pas plus fixer, par une chronologie, les annales primitives des Phéniciens, que celles des Atlantes du mont Caucafe.

Nous avons fuppléé jufqu'ici à cette abfence des dates, en liant, par une chaîne philofophique, les faits qui fe dérobaient à toute chronologie. Mais notre travail, fur les premières annales des Affyriens & des Perfes, ne peut fervir de modèle pour celles de l'antique Phénicie. Lorfque Byblos, Béryte, Arad, Tyr & Sidon fe forment en Monarchies, le chaos eft dans leur Hiftoire; tantôt ces villes fe réuniffent fous un feul Souverain, tantôt elles fe divifent; les évènemens, arrivés fous la dynaftie dominante, ne donnent aucune lumière fur ceux des dynafties collatérales; c'eft enfin un labyrinthe inextricable, d'où aucun fil d'Ariane ne permet de démêler les iffues.

Dans cette perplexité, nous avons préféré de laiffer errer quelque tems nos Lecteurs, plutôt que de les tromper. Au refte, peu importe qu'on ne fache où placer quelques faits ifolés du premier âge des Phéniciens, pourvu qu'on ait des époques précifes, au tems où leur Hiftoire eft liée avec celle de l'Univers. Nous réduirons donc à un très-petit nombre de dates, tout ce que nous favons fur la chronologie de ce peuple; notre filence fur le refte, annonce plus notre refpect pour le public, que les rêveries favantes des Scaliger & des Fourmont.

DES ÉVÈNEMENS

DONT ON NE PEUT FIXER

LA CHRONOLOGIE.

Les Atlantes Syriens, établis fur les hauteurs du Liban & de l'Antiliban, envoient une de leurs colonies dans la Phénicie.

Cette colonie Syrienne fe dégrade & s'abrutit. Des infulaires de la mer Erythrée viennent la revivifier.

Origine de la navigation parmi les hommes.

Le Phénicien Oufous creufe le tronc d'un arbre, & invente le monoxyle.

Ifis doit, au hafard, la découverte des voiles.

Commencement de l'Aftronomie nautique des Phéniciens; ils donnent, à la conftellation de la grande Ourfe, le nom de Pharashah , & leurs Pilotes prennent la hauteur du Pole.

Flotte Phénicienne , composée de monoxyles & de radeaux , qui va échouer contre le mont Caffios.

Fondation de Byblos, dont les remparts paffaient , dans l'Orient, pour être auffi anciens que le monde ; & origine du culte d'Adonis.

Invention des trirèmes.

Les navigateurs de la Phénicie conftruifent , fous le nom d'*Arco* , des vaiffeaux de guerre, & fous celui de *Gaulos* , des navires de tranfports.

Fondation de Béryte , fous le règne de Saturne , un des Patriarches des Atlantes.

Fondation de Sidon ; elle devient peu à peu la métropole de toute la Phénicie.

Navigations Phéniciennes , exécutées dans la Méditerranée , fous les aufpices d'un des Hercules , qu'on croit le Melcarth de Sanchoniaton.

Fondation de Paletyr.

Comptoirs établis fur le golphe d'
Perfe. Premières tentatives pour la pêche
des perles.

Navigations dans la mer des Indes.
Conquête de la Taprobane.

Commerce de l'étain avec les Ifles
Caffitérides.

Découverte de l'Ifle de Thule.

Confédération des petites Monarchies
Phéniciennes.

ORDRE DES ÉVÈNEMENS

DONT ON PEUT FIXER LA CHRONOLOGIE.

	Ere de Callis thène.	Durée jusq'uà nous.

JE regarde la fondation de Tyr, comme le premier évènement de l'Histoire Phénicienne, dont on puisse fixer l'époque avec une espèce de vraisemblance. Quand Hérodote demanda aux Prêtres de l'Hercule Tyrien, de quel tems était la fondation de leur ville, ils lui répondirent qu'elle remontait à deux mille trois cents ans. Or, l'Historien Grec, né la première année de la 74e Olympiade, lut son ouvrage aux Athéniens la troisième année de la 84e. Ce n'est point blesser la dialectique des faits, que de supposer notre Auteur voyageant dans la Phénicie cinq ans avant la lecture publique de son Histoire. Ainsi la fondation de Tyr peut se placer 23 siècles avant la seconde année de la 83e Olympiade, c'est-à-dire 518 ans, avant la première année de l'Ere de Callisthène. Dans l'hypothèse que les Prêtres d'Hercule n'ont point trompé Hérodote, il s'est écoulé, depuis ce grand évènement . . . .

Rois, Pasteurs de Paletyr, s'emparent d'une partie de l'Egypte, & y règnent plusieurs siècles; ce

Ere de Callisthène.	Durée jusqu'à nous.
	4527

qui nous détermine à ne point faire venir ces conquérans de Tyr, c'est qu'il n'y aurait que 123 ans entre l'époque de la fondation de cette dernière ville, & l'invasion de ces Pasteurs.

Le premier de ces Rois Paletyriens, est appellé Saithes par Manethon, suivant le texte de Jules-Africain, & Salath suivant la version de Josephe.

	Ere de Callisthène.	Durée jusqu'à nous.
Date de l'invasion de Saithes où Salath en Egypte		4403
Ce Prince établit sa résidence dans Memphis. . .		4400
Il rebâtit la ville d'Avaris.		4380
Mort de ce Prince Paletyrien.		4384

	Ere de Callifthène.	Durée jufqu'à nous.
Bouon ou Beon, remplace Saithes, & gouverne une partie de l'Egypte.		
Mort de ce fecond Prince de la dynaftie des Paletyriens		4340
Mort d'Apachnas ou Pachnan, troifième Roi Paletyrien, fuivant les calculs de Manethon, interprété par Jofephe . . .		4303
Mort du même Prince, fuivant la fupputation de Jules-Africain.		4279
Mort d'Apophis, quatrième Roi Paletyrien, au rapport de Jofephe. .		4242
Jules-Africain nomme Apophis, *Staan*, & le fait régner un demi-fiècle. Ainfi fa mort tombe. . .		4229
Mort d'Ianias, cinquiè-		

	Ere de Callif-thène.	Durée jufqu'à nous.
me Roi de la race des Paletyriens, fi l'on en croit Jofephe.		4192
Cet Ianias eft appellé *Archlès* par Jules-Africain, & fa mort, fuivant cet Interprète de Manethon, eft fixée.		4180
Mort ou détrônement d'Affis, le dernier Roi de la dynaftie Phénicienne, au rapport de Jofephe. .		4142
L'Affis de Jofephe, eft l'Aphobis de Jules - Africain, & ce dernier le fait régner 61 ans. Il faut donc fixer fa mort, ou fon détrô-nement.		4119
On voit, par tous ces détails, que l'invafion des Pafteurs Phéniciens, en Egypte, a pu durer 261 ans, fuivant le Manethon,		

	Ere de Calliſ-thène.	Durée juſqu'à nous.

interprété par Jules Africain, & 284, ſuivant le même Hiſtorien, copié par Joſephe (a).

Si la première de ces verſions eſt celle qui ſe concilie le mieux avec la Chronologie, l'expulſion des Paſteurs Phéniciens tombe à 109 ans avant l'Ere de Calliſthène.

Naiſſance de Sanchoniaton, le plus célèbre Hiſtorien de Phénicie. L'opinion la plus pro-

4119

(a) Pour ne point mettre trop de confuſion dans les Faſtes de la Phénicie, je n'ai point parlé d'une troiſième verſion de Manethon, tranſcrit par Euſèbe, qui place les Paſteurs Faletyriens dans la dix-ſeptième dynaſtie, au lieu de les mettre dans la quinzième ; c'eſt à l'Hiſtoire d'Egypte que nous renvoyons le débrouillement de ce chaos.

bable la place sous le règne de Sémiramis. Cette Princesse a gouverné l'Assyrie 42 ans, & pour rendre notre erreur plus légère, nous fixerons la naissance de Sanchoniaton à la 21e année du règne de Sémiramis . . . .

Elbase, Roi de Béryte, accepte la dédicace de l'Histoire Phénicienne de Sanchoniaton, environ vers l'an . . . .

On croit que Josué fit des conquêtes dans la Phénicie 1554 ans avant l'Ere vulgaire. Ce Héros des Hébreux trouva alors le pays partagé entre onze peuples: les Héthéens, les Jébuséens, les Amorhéens, les Gergéséens, les Hévéens, les Arcéens, les

	Ere de Callif-thène.	Durée jufqu'à nous.
	166	3844
	205	3804

	Ere de Callif-thène.	Durée jusqu'à nous.
Sinéens, les Samaréens, les Hémathéens, les infulaires d'Arad, & les habitans de Sidon ; l'époque de l'invafion de Jofué, quand on explique la Bible par le calcul Samaritain, peut fe fixer à l'an.	676	3334

Erection d'un Temple en l'honneur de l'Hercule Phénicien, érigé dans l'Ifle de Thafe, cinq générations avant la naiffance de l'Hercule Grec, fils d'Amphytrion.

Pour réfoudre, avec une forte de vraifemblance, ce problême chronologique, il faut s'appuyer de trois conjectures.

1°. On ne voit paraître avec authenticité, l'Hercule Grec dans les Faftes de fa nation, que lorfqu'il fe fait initier dans les myftères d'Eleufis. Ce fait eft configné dans les marbres de Paros. Mais comme la date eft effacée fur le monument, ce n'eft que par analogie qu'on peut la placer 3085 ans avant nous.

2°. Il faut admettre que le Héros Grec attendit 40 ans pour fe faire initier.

3°. On doit fuppofer que chacune des généra-tions défignées eft de 33 ans.

Si on admet toutes ces probabilités, on trouve d'abord 165 ans pour les 5 générations antérieures à Hercule; enfuite 40 ans pour le tems écoulé entre la naiffance du Héros, &

Ere de Callif- thène.	Durée jufqu'à nous.

	Ere de Callif-thène.	Durée jufqu'à nous.
fon initiation aux myftères d'Eleufis ; enfin 3085 ans entre ce dernier évène-ment & nous ; ce qui con-duit à placer l'érection du Temple l'an.	720	3290

Arrivée du Phénicien Cadmus dans quelques Ifles de l'Archipel Grec.

Cette époque, à laquelle on eft conduit par le fil de l'analogie, ne peut être déterminée que par des à - peu - près ; il eft vrai qu'on nous a tranfmis la généalogie de Cadmus ; il eft vrai qu'Homère nous apprend que Tifamène, le huitième Roi de fa dy-naftie, était un des Géné-raux de l'armée d'Aga-memnon ; mais l'âge précis de chacun des defcendans de Cadmus, n'a point été

	Ere de Callifthène.	Durée jufqu'à nous.
fixé par l'Hiftoire. Ce n'eft qu'en adoptant le calcul un peu fufpect de trente-trois ans par génération, qu'on parvient à faire aborder dans la Grèce, la colonie de Cadmus, 264 ans avant la prife de Troye : époque qui répond à l'an	757	3253
Quand Cadmus a peuplé les Ifles défertes de l'Archipel, il envoie des colonies fur les côtes d'Afrique. Il faut mettre environ 10 ans d'intervalle entre ces deux émigrations, & en adoptant, pour l'établiffement de cette feconde colonie, le calcul des 33 ans par génération, que nous avons fuppofé pour fixer l'époque de la première, nous tombons à l'an.	767	3243

	Ere de Callif-thène.	Durée jufqu'à nous.

Minos réprime les pira-teries, des Phéniciens, le long des côtes de la mer Egée.

Il y a des probabilités qui conduiraient à donner quelques lumières fur cette époque. Il paraît, par les marbres de Paros, que Minos commença à régner en Crète, il y a maintenant 3212 ans. En fuppofant que ce Prince était affermi fur fon Trône, quand il eut une marine, on pour-rait placer fa victoire fur les pirates de la Phénicie, vers l'an............ | 808 | 3202

Un Roi de Phénicie, dont l'Hiftoire ne nous a pas confervé le nom, fe rend à Troye fur un vaif-feau, qui portait un palais & un jardin. Cet évène-

	Ere de Caïlisthène.	Durée jusqu'à nous.
ment, qui tombe au règne de Priam, peut se placer vers l'an.	1000	3010
Il eſt dit, dans les Livres ſacrés des Hébreux, que les Phéniciens, maîtres des mers qui baignent l'Aſie, partaient du port d'Eſiongaber, ſur la mer Rouge, pour aller chercher, à Tarſis & à Ophir, l'or néceſſaire pour leurs échanges. Ce fait, antérieur au règne de David, peut ſe placer.	1100	2910
Commencement du règne d'Abibal, le premier des Rois de Tyr dont le nom nous ait été tranſmis par l'Hiſtoire.	1166	2844
Mort d'Abibal.	1204	2806
Avènement d'Hiram au Trône de Tyr, ſuivant		

	Ere de Callif-thène.	Durée jufqu'à nous.
une tradition , dont on peut foupçonner l'authenticité.		
Ambaffade de ce Prince à David	1205	2805
Il fait abattre des cèdres du Liban, pour la conftruction du Temple de Jérufalem.	1215	2795
Il envoie des Artiftes à Salomon , pour préfider aux décorations de fon Temple	1221	2789
Conftruction du monument de Tyr, connu fous le nom des réfervoirs de Salomon.	1224	2786
Temple érigé par Hiram à Aftarté.	1226	2784
Autre Temple bâti par ce Prince en l'honneur d'Hercule. Il ne faut pas		

	Ere de Callis-thène.	Durée jusqu'à nous.
le confondre avec celui dont parle Hérodote, & qui ayant la même date que la fondation de Tyr, remonte 518 ans avant l'Ere de Callisthène. Le Temple d'Hiram fut conftruit. . .	1228	2782
Chauffée qui joint Tyr à une Ifle voifine, célèbre par un Temple de Jupiter Olympien.	1230	2780
Mort d'Hiram, après un règne de 34 ans; car l'opinion qui ne lui en donne que fept, bleffe toute vraifemblance . . .	1238	2772
Baleazar, fils d'Hiram, hérite de fa Couronne.		
Mort de Baleazar, fuivant Ménandre d'Ephèfe.	1247	2763
Mort du même Prince, fuivant Théophile d'An-tioche.	1255	2755

	Ere de Callif-thènè.	Durée jufqu'à nous.
Fin du règne d'Abdaf-tarte, fuccefleur de Ba-leazar ; en fuppofant vrai le calcul de Ménandre, quelques Auteurs penfent qu'Abdaftarte fut maffacré par les quatre fils de fa nourrice, après avoir gou-verné Tyr pendant neuf ans	1256	2754
Maffacre d'Abdaftarte, fuivant une autre tradition confervée par Jofephe (*lib. 1 , contr. Appion*)	1259	2751

Un des quatre affaffins du dernier Roi, s'empare de fon Trône.

Cet ufurpateur ano-nyme jouit douze ans du fruit de fon crime , & fi l'époque du maffacre d'Abdaftarte, donnée par Jofephe, eft vraie, il faut

	Ere de Callifthène.	Durée jufqu'à nous.
placer la mort de l'ufurpateur du Trône de la Phénicie , à l'an.	1271	2739
Aftarté , frère d'Abdaftarte , remet le Sceptre de Tyr dans la famille d'Hiram.		
Mort d'Aftarté.	1283	2727
Mort d'Aferim , frère & fucceffeur d'Aftarté ; il eft égorgé par fon frère , après un règne de neuf ans.	1292	2718
Phalès , l'affaffin d'Aferim , ne règne que 8 mois , & eft maffacré à fon tour par fon neveu , Ithobal , qui lui fuccède.		
Ithobal fonde Botrous vers l'an	1296	2714
Il conftruit la ville puiffante d'Auzates en Afrique	1298	2712
Mort d'Ithobal , fuivant Théophile.	1305	2705

	Ere de Callif-thène.	Durée jusqu'à nous.
Mort de Badezor, fils & fuccefleur d'Ithobal, en adoptant le calcul de Théophile	1311	2699
Mort de Mytgounos, que Ménandre ne fait ré-gner que neuf ans.	1320	2690
Avènement de Pyg-malion au Trône de Tyr.		
Mort d'Ithobal , dans l'opinion de Ménandre d'Ephèfe.	1325	2685
Pygmalion fait périr Sichée , fon beau-frère...	1326	2684
Fuite de Didon , en fuppofant quelqu'authen-ticité à toute cette Chro-nologie.		
Fondation ou rétablif-ment de Carthage , dans		

	Ere de Callifthène.	Durée jufqu'à nous.
cette opinion plus que fufpecte (*a*), mais qu'il eft difficile de rectifier.	1327	2683
Mort de Mitgounos, fi on ajoute foi à Théophile.	1333	2677

On voit combien toutes ces contradictions de Ménandre & de Théophile jettent de ténèbres fur la Chronologie Phénicienne. Nous ne nous fommes point attachés ici à donner les époques des règnes, en fuivant par ordre les deux fyftêmes ; nous avons adopté tantôt l'un, tantôt l'autre, fuivant que les probabilités philofophiques l'ont exigé.

(*a*) Ce paradoxe chronologique fera examiné plus en détail dans l'Hiftoire des Carthaginois.

	Ere de Callif thène.	Durée jufqu'à nous.
Pygmalion établit son Empire dans l'Ifle de Chypre, & y fonde Carthéfie.	1337	2673
Empoifonnement de Pygmalion, par fa femme Aftarbe, après un règne probablement de 40 ans, & non de 47, comme quelques Auteurs le fuppofent.	1360	2650

Vuide, dans les annales des Phéniciens, d'environ 210 ans. La fin de ce long filence de l'Hiftoire tombe au tems de la fameufe navigation de ce peuple, exécutée fous les aufpices d'un Pharaon d'Egypte, nommé Nechao, qui eft le troifième de la 26ᵉ dynaftie de Manethon. L'efcadre, ainfi que nous l'avons déja dit, partit de la mer Rouge, entra dans

	Ere de Callifthène.	Durée jufqu'à nous.
la mer des Indes, par le détroit de Babelmandel, doubla le cap de Bonne-Efpérance, fit le tour de l'Afrique, & après avoir traverfé le détroit de Gibraltar, rentra en Egypte par la Méditerranée ; on peut placer cet évènement mémorable vers la troifième année du règne de Nechao I, c'eft-à-dire l'an.	1570	2440
Fin du voyage des Phéniciens autour de l'Afrique, après trois ans de navigation	1573	2437
Avènement d'Hiloul, fuivant Bochart.	1579	2431
Ce Prince fait rentrer fous fa domination l'Ifle de Chypre, échappée au joug des Tyriens.	1589	2421
Mort d'Hiloul.	1615	2395

	Ere de Callif-thène.	Durée jufqu'à nous.
Avènement d'Ithobal II, au Trône de Tyr.		
Siége de Tyr, par le Roi de Babylone, Nabuchodonofor.	1621	2389
Prife de Tyr par ce Conquérant, après treize ans de fiége (a).	1634	2376
Fuite du Roi détrôné.	1635	2375
Baal eft nommé Vice-Roi de Tyr, par les Souverains de Babylone.		
Mort de Baal, après dix ans de règne.	1645	2365
Etabliffement des Suffetes dans Tyr.		

(a) Nous n'avions pas ofé fixer, dans la Chronologie Affyrienne, la date précife de ce grand évènement, parce qu'il nous manquait des lumières que l'Hiftoire de Phénicie feule pouvait nous donner. Nous avons reconnu depuis que Nabuchodonofor avait dû commencer le fiége de Tyr la quatorzième année de fon règne, qui tombe à la fixième de celui d'Ithobal II. Voilà la bafe de notre calcul.

	Ere de Callifthène.	Durée jufqu'à nous.
Deftruction de cette magiftrature, que la politique du moment avait fait naître.	1652	2358
Rétabliffement de la Vice - royauté. On couronne Balator.		
Ce Prince meurt après un an de règne	1653	2357
Avènement du Babylonien Merbal, au Trône de Tyr. On ne donne à ce Prince que quatre ans de règne. C'eft une erreur évidente; Jofephe dit expreffément (*lib.* 1 , *contr. Appion.*) que ce fut la quatorzième année du règne de ce Prince, que Cyrus commença à gouverner les Perfes : or , il paraît, par nos Faftes de la Perfe, que Cyrus put être Roi de fa nation, l'année qui précéda		

	Ère de Callif-thène.	Durée jufqu'à nous.
fa conquête de la Médie, c'eſt-à-dire l'an 1667 de l'Ere de Calliſthène. Synchroniſme ſingulier qui jette un grand jour dans les deux Hiſtoires.		
On ne peut donner moins de vingt ans au règne de Merbal. Ainſi, ſa mort tombe à l'an. . . .	1673	2337
Hiram, frère de Merbal, lui ſuccède. L'Hiſtoire dit que de ſon tems Cyrus prit Babylone; évènement qui rétablit l'indépendance de la Couronne de Tyr.		
Cette priſe de Babylone, qui rompit les fers des Monarques Tyriens, tombe à la 19e année du règne de Merbal.	1692	2318
Mort de Merbal, après un règne de vingt ans. . .	1693	2317

	Ere de Callisthène.	Durée jusqu'à nous.
Nouveau vuide dans l'Histoire des dynasties des Rois Tyriens, qu'on peut évaluer à plus d'un demi-siècle.		
Un Narbal, Roi d'Arad, accompagne Xerxès dans son expédition contre la Grèce.	1749	2261
Mapen, Roi de Tyr, amène des troupes auxiliaires à Xerxès, & conseille à ce Prince d'attaquer les Grecs devant Salamine.	1750	2260
Nouvelles ténèbres dans l'Histoire Tyrienne. On ignore le nom du successeur de Mapen; on sait seulement qu'il délivra son pays de la tyrannie des Despotes de la Perse.		
Révolte des esclaves		

	Ere de Callif- thène.	Durée jufqu'à nous.
dans Tyr , fuivant une tradition fufpecte , quoiqu'accréditée ; on pourrait la placer , fi les Hiftoriens ne nous en impofaient pas fur le fait lui-même , vers le tems de la mort de Thémiftocle.	1781	2229

, Avènement de Straton au Royaume de Tyr , en admettant l'hiftoire de la révolte des efclaves.

Straton eft remplacé par fon fils , & enfuite par fes neveux ; mais toute cette dynaftie de Princes de la Maifon de Straton a fi peu mérité des hommes, qu'on a dédaigné de nous tranf- mettre leurs noms , & à plus forte raifon la date de leurs règnes.

Un Geroftrate , Roi

	Ere de Callis-thène.	Durée jusqu'à nous.
d'Arad , fachant qu'A-lexandre marchait vers la Phénicie , fe reconnaît vaffal de ce Conquérant, & fon tributaire.	1897	2113
Règne obfcur d'Azelmic dans Tyr.		
Commencement du fiége de Tyr.		
Alexandre fait fervir les ruines de Paletyr à la conf-truction de fon mole.		
Petite expédition de ce Prince fur les frontières de l'Arabie.		
Retour d'Alexandre de-vant Tyr	1898	2112
Prife de Tyr. Renver-fement de cette ville , & deftruction de toutes les Monarchies Phéniciennes.		

	Ere de Callif-thène.	Durée jufqu'à nous.
Cet évènement eft marqué dans les annales Grecques, à la première année de la 112ᵉ Olympiade , & s'accorde parfaitement avec notre Chronologie.	1898	2112

SUPPLÉMENT.

Nous nous fommes propofé de faire entrer, dans cet Ouvrage, la traduction des fragmens originaux qui nous reftent de l'antiquité; ce que nous avons déja exécuté en ce genre pour Sanchoniaton, Bérofe & Manethon, a été agréé de cette première claffe des Lecteurs qui mènent leur fiècle; on a été bien aife qu'il exiftât un dépôt où tous ces antiques débris des connaiffances humaines fuffent renfermés, & que ce dépôt fût l'Hiftoire des Hommes.

Parmi ces fragmens, il en eft qui, par leur peu d'importance, ne doivent fe trouver que dans un Supplément, & non dans le corps d'une Hiftoire. Telle eft la correfpondance de Salomon & du Roi Hiram, fur une coupe de bois faite au mont Liban. Au refte, les deux lettres

de cette correſpondance, que Joſephe
nous a conſervées, ſemblent très - authentiques. Cet Hiſtorien des Hébreux,
qui écrivait dans un ſiècle très-éclairé,
dit, en propres termes, que les originaux
exiſtaient, de ſon tems, ſoit dans les
archives de ſa nation, ſoit dans celles
de la métropole de la Phénicie (*a*).

(*a*) *Antiq. Judaïc.* lib. 8, cap. 2.

LETTRE DE SALOMON

AU ROI DE TYR.

» LE Roi Salomon, au Roi Hiram.
» — David, mon père, défirait, avec
» ardeur, d'élever un Temple en l'hon-
» neur de l'Eternel ; mais les guerres
» continuelles où il fe trouva engagé,
» l'empêchèrent d'exécuter fon projet ;
» il paffa fa vie à combattre, & il ne
» quitta les armes qu'après avoir dompté
» fes ennemis, & les avoir rendus tri-
» butaires. Les tems font changés. Dieu
» fait jouir mes Ftats d'une paix pro-
» fonde, & je fuis réfolu d'élever ce
» grand monument, que je dois com-
» mencer & achever, ainfi qu'il a été
» prédit à mon père. Je vous prie donc
» de m'envoyer un certain nombre d'Ar-
» tiftes, qui, aidés de mes fujets, cou-
» peront, fur le mont Liban, les arbres

» néceffaires pour la conftruction du
» Temple de Jérufalem ; je fais que
» rien n'égale, en ce genre, l'induftrie
» Phénicienne (*a*). Vous mettrez le prix
» que vous jugerez à propos à ce fer-
» vice «.

Réponse du Roi de Tyr.

» Le Roi Hiram, au Roi Salomon.
» — Je remercie le ciel de ce que vous
» avez hérité du Trône de David, votre
» père, Prince renommé pour fa fageffe
» & pour fa vertu. Je remplirai vos défirs,
» & je le ferai avec joie ; je vais ordonner
» qu'on coupe, dans mes forêts, un grand
» nombre des meilleurs cyprès, & des
» cèdres les plus élevés, & on les tranf-
» portera, par mer, fur le rivage le plus
» proche de vos Etats, afin de faciliter

____

(*a*) Il y a , dans le texte *des Sidoniens :* — Il
paraît qu'à cette époque, Tyr & Sidon étaient
réunies fous le même Monarque.

» leur conduite à Jérufalem. Je vous
» prie, en retour, de permettre une
» traite de bled, à caufe de la difette
» qui règne en ce moment dans l'Ifle
» de Tyr «.

Telles font, au rapport de Jofephe,
les lettres de Salomon & d'Hiram, qu'on
a confervées pendant tant de fiècles dans
les archives de Tyr & de Jérufalem;
mais par une contradiction que toute la
dialectique de notre âge ne faurait pal-
lier, Eusèbe, le Savant Eusèbe, qui a
raffemblé, dans fa *Préparation Evangé-
lique*, les débris les plus précieux de
la haute antiquité, Eusèbe, qui, occupant un fiége dans la Paleftine, fe
trouvait à portée de vérifier les monumens des Juifs & des Phéniciens, Eusèbe
enfin, qui était plein de la lecture de
Jofephe, & qui cite fouvent fes anti-
quités, Eusèbe, dis-je, a tranfcrit tout
différemment les lettres d'Hiram & de
Salomon. Voici la verfion du célèbre
Evêque de Céfarée.

LETTRE DE SALOMON

AU ROI DE TYR.

» LE Roi Salomon à Suron, Roi de
» Tyr, de Sidon & de la Phénicie, &
» ami de mon père, salut.

  » Apprenez que l'Etre suprême m'a
» fait hériter du Trône de David, mon
» père. Ce Prince m'ordonna (en mou-
» rant) d'élever un Temple au Dieu qui
» a créé le ciel & la terre, & de me
» concerter avec vous sur ce projet. Je
» vous écris donc pour vous demander
» des Architectes & tous les Artistes qui
» peuvent m'aider à la construction de
» ce monument «.

  Le texte original ici, doit être cité.

*Rex Salomon Suroni, Tyri Sydonis,
atque Phænicia Regi, amico paterno, sa-
lutem.*

Scias me à Deo magno, David, patris mei, Regnum accepiſſe : cum que mihi pater præceperit, Templum Deo qui cœlum & terram creavit condere, ut etiam ad te ſcriberem præcepit. Scribo igitur & peto abs te ut artifices atque fabros, ad ædificandum Templum Dei mittere velis (a).

RÉPONSE DU ROI DE TYR.

» Suron, Roi de Tyr, de Sidon &
» de la Phénicie, au Roi Salomon :
» ſalut.

» Après avoir lu votre lettre, j'ai rendu
» graces au Dieu qui vous a fait hériter
» du Trône de votre père. Vous m'é-
» crivez que vous avez beſoin d'Archi-
» tectes & d'Artiſtes, pour ériger un
» temple à l'Etre ſuprême. Je vous en-
» voie un Architecte, avec 80 mille
» hommes pour travailler ſous ſes ordres.
» Cet Architecte eſt né à Tyr, mais ſa

____

(a) Euſèb. *Præpar. Evang.* lib. *9*, cap. 4.

» mère eft Juive d'origine. Du refte,
» c'eft un homme confommé dans fon
» art. Vous veillerez, fans doute, à ce que
» cette multitude ne manque de rien,
» & vous la renverrez, dans mes Etats,
» auffi-tôt que votre temple fera achevé «.

*Suron, Tyri, Sidonis & Phœniciæ Rex,
Salomoni Regi, falutem.*

*Lectis litteris gratias egi Deo qui tibi
Regnum patris tradidit. Et quoniam fcribis
fabros Miniftros quæ ad condendum templum Dei effe tibi mittendos, mifi ad te millia
hominum octoginta, & Architectum Tyrium,
hominem ex matre Judæâ, virum in rebus
Architecturæ mirabilem. Curabis igitur ut
neceffariis non egeant, & templo Dei
condito ad nos redeant* (a).

Nous ne nous arrêterons pas fur ce
nom de *Suron*, qu'Eusèbe fubftitue à
l'*Hiram* de Jofephe. Il peut fe faire
que la différente manière de prononcer

(a) *Præpar. Evangel. loc. citat.*

ce mot Phénicien ait produit aussi une différence dans la manière de l'écrire.

Mais quel rapport y a-t-il soit pour le fonds des choses, soit pour le style, entre la version de l'Historien des Juifs, & celle de l'Evêque de Césarée ?

Si l'on se borne à un examen purement littéraire, la correspondance d'Eusèbe paraît d'abord beaucoup plus authentique que celle de Josephe. Dans ce dernier, Salomon semble parler moins en Roi, qu'en Rhéteur. *Mon père passa sa vie à combattre ; il ne quitta les armes qu'après avoir dompté ses ennemis, & les avoir rendus tributaires ;* on croit entendre parler les héros de Rome, dans les harangues de Tite-Live. Pour le Salomon d'Eusèbe, il s'exprime avec cette noble simplicité qui doit caractériser les lettres d'un Roi, & sur-tout d'un Roi dont le goût n'est point dépravé par le luxe d'un Etat qui penche vers sa décadence.

Si on examine le fond même de la correspondance, le texte de Josephe

prête bien moins à la critique que celui
d'Eusèbe ; il eſt tout ſimple que Salomon ne
trouvant point de forêts parmi les rochers
arides de la Paleſtine, ſollicite, auprès d'un
Roi de Phénicie, une coupe de cèdres ſur
le mont Liban ; il eſt encore très-vraiſem-
blable que ce Roi de Phénicie, éprouvant
une diſette dans ſes Etats, conſente à cette
coupe, à condition qu'on lui enverra du
bled en échange ; la politique du ſiècle de
Salomonn'eſt pas, à cet égard, différente
de celle du ſiècle de Louis XVI.

Il s'en faut bien qu'il y ait autant de
vraiſemblance dans les lettres tranſcrites
par Euſèbe ; quelque faible idée qu'on
ſe faſſe du génie des Hébreux, on aura
toujours beaucoup de peine à ſe perſuader
que Salomon , qu'on nous repréſente
comme le Souverain le plus éclairé de
ſon tems, n'ait pu créer, dans ſes Etats,
un ſeul Architecte. En ſuppoſant ce défaut d'Architectes, qui entraîne une abſence totale d'édifices réguliers , & de
monumens publics dans Jéruſalem, on

croira encore difficilement que les sujets
de Salomon ne pussent du moins servir
de manœuvres dans l'élévation d'un temple, & qu'après avoir demandé, à une
Puissance rivale, un homme de génie
pour donner le plan d'un édifice, il fallût
encore lui demander des bras pour l'exécuter ; enfin en adoptant toutes ces hy-
pothèses, une raison éclairée ne pourra
admettre que le Roi de Tyr ait osé dé-
garnir ainsi son petit territoire de quatre-
vingt mille hommes, & que ces quatre-
vingt mille hommes aient tous pu servir
de manœuvres à un Architecte.

Toutes ces observations ne font point
faites pour affaiblir l'autorité respectable,
soit de l'Auteur de la *Préparation Evan-
gélique*, soit de l'Historien des Hébreux.
Nous ne voulons que prévenir sur le
dégré de croyance qu'on doit à la traduction de quelques monumens originaux,
prouver le besoin qu'on a du flambeau
de la critique, pour ne point s'égarer
dans la nuit de l'antiquité, & donner

quelqu'idée du foin , avec lequel on travaille à cette Histoire des Hommes.

Fin de l'Histoire des Phéniciens.

TABLE

DES CHAPITRES

DU TOME HUITIÈME

DE L'HISTOIRE ANCIENNE,

OU DE

L'HISTOIRE DES PHÉNICIENS.

HISTOIRE DES PHÉNICIENS.

Fin de la Table des Chapitres.

ERRATA.

I.

IL s'eſt gliſſé , dans la Partie ancienne de cette Hiſtoire, tome VI , pag. 239 , une faute d'impreſſion, dont le ſens eſt altéré. — *Avec ſon caractère féroce & ſes idées de deſpotiſme , il* (Cyrus) *aurait donné aux Perſes des loix de ſang, comme Dracon en donna dans la ſuite à Athènes.* Au lieu de ce dernier membre de phraſe , mettez : *comme Dracon venait d'en donner à Athènes.* Dracon, en effet, eſt antérieur à Cyrus.

II.

Tome VII, pag. 260, ligne 22 , *cinquième Olympiade,* mettez *cinquante - cinquième Olympiade.*

III.

Vieil Monarque , vieil Deſpote , &c. ; partout où vous trouverez cette faute d'impreſſion, mettez *vieux Monarque , vieux Deſpote.*

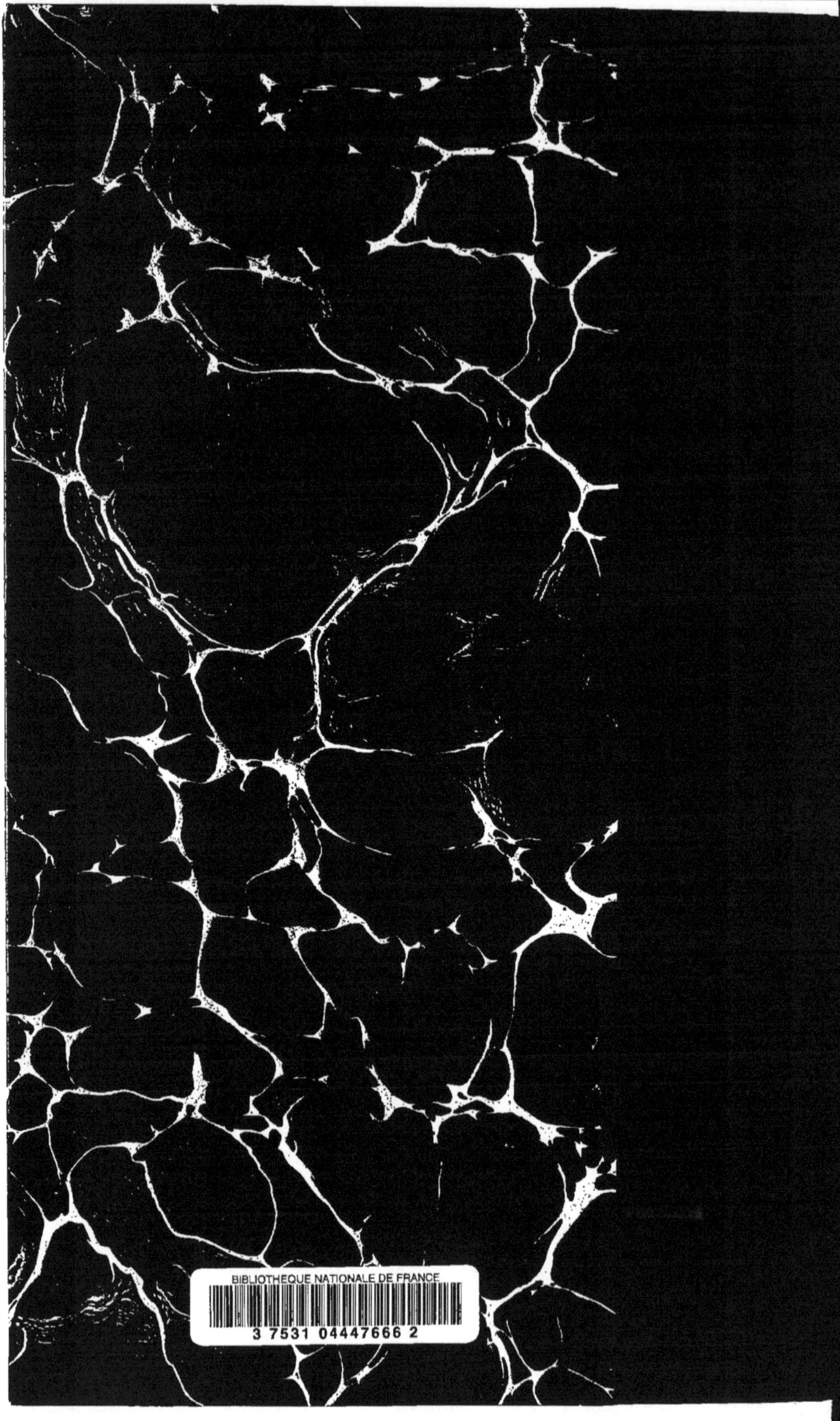

BIBLIOTHEQUE NATIONALE DE FRANCE
3 7531 04447666 2